はじめての
リビングラボ

「共創」を生みだす場のつくりかた

Getting Started with Living Labs

木村篤信＋安岡美佳 著

NTT出版

はじめに

安岡美佳

リビングラボへの高まる期待

この数年、日本において「リビングラボ」が注目されています。経産省のレポートに「リビングラボ」という言葉がでてきたり[1]、企業が「リビングラボ」を実践したり、日本各地で「リビングラボ」と名付けられた場所や空間・コミュニティが生まれています。個人的な肌感覚でも、「リビングラボ」に関心が集まっていることを感じています。私は、この20年ほど、デンマークと日本を行き来していますが、私のもとには、デンマークのリビングラボを学びたいと、日本からリビングラボについての問い合わせが毎月のように寄せられ、行政・民間企業・個人の方々が当地を訪れています。

私のもとに届く問い合わせの内容はさまざまです。「リビングラボの手引きを見たい」「リビングラボの事例を教えて欲しい」といったようなことから、「リビングラボの運営方法について知りたい」「上手くいっているデンマークのリビングラボについて知りたい」「北欧のリビングラボは誰が主導しているのか」「どうやったら市民の参加を促せるのか」

といったお悩み相談も含む多種多様な問い合わせが来ています。関心を持ち始めた人たちが、興味を掻き立てられて、いてもたってもいられなくなり問い合わせてきたというようなものから、実践者の切実な悩みまで、質問内容も粒度も多岐にわたります。

問い合わせからは、多くの方がリビングラボに関心を持ち、何らかの可能性を感じていることがわかる一方で、リビングラボに明確なかたちがあると思われているように感じます。また「Ｌｉｖｉｎｇ（生活・暮らし）」と「Ｌａｂ（実験室）」という言葉がアンバランスに使われていることも感じます。リビングラボというコンセプトを簡潔に説明するために多用されている「生活の場でのオープンイノベーションの実践とその場」という説明に惑わされ、一足飛びに、社会問題の解決策や収益をもたらす製品やサービスが生みだされる万能の打ち出の小槌のように捉えられているようにも思える場合もあります。

確かに、リビングラボは、今までにない素晴らしい手法・仕組みです。イノベーションを生みだし、社会を変化させる力を秘めています。でもそれは、そもそもリビングラボが万能だからというわけではなく、イノベーションに不可欠な仕組みがそこに内包されているからです。逆に言えば、たとえ「暮らしの中で実験」したとしても、ただ実験するだけでは、リビングラボとは呼べないでしょうし、残念ながらその効力を発揮することはできません。

このような話をすると、リビングラボを実践することは難しそうだと思われてしまうかもしれませんが、実際は、とてもシンプルで、コツをつかめばそれほど難しいことではありません。日本には、リビングラボという名前を標榜していなくても、リビングラボ的なものを実践している場はたくさんありますし、リビングラボ的な試みをしている方々もたくさんいます。

本書では、リビングラボとは何か、特に、筆者である私たちと今この本を手にとってくださっているみなさんとの間での対話の土台、共通認識をつくりあげるため、リビングラボの基本的な考えを見ていきたいと思います。

あふれるやっかいな社会課題

リビングラボへの期待が高まっているわけですが、では、リビングラボが必要とされる社会状況とはどんなものなのでしょうか？　まず、そこから確認していきましょう。

今の私たちが住む都市や社会には、やっかいな社会課題がたくさんあります。たとえば、高齢化と少子化問題、地域間格差、男女の不平等、移民問題、エネルギー問題、気候変動問題など、地方自治体レベルから、国レベル、国際レベルまで、たくさんの社会課題があふれています。これらの課題のやっかいさを三つの特徴から見ていきましょう。一つは、複雑化していること。二つ目に、不確実化していること。三つ目に、多元化・多様化していること。それぞれの特徴を見ていきましょう。

①課題の複雑化──一人ですべてはできない

私たちの社会では、一人でもしくは一企業で、最初から最後までモノづくりコトづくりのすべてを担うことはほとんどありません。

家づくりを例に考えてみましょう。自給自足的な暮らしを営むための木造の小屋であれば、一人で建てることも不可能ではないかもしれません。しかしながら、現代の都市の住居は、小さくても一人で建てることはほぼ不可能です。工業化した建築資材を用いて建物を建てるだけでなく、電気やガス、水道などの地域のインフラとつなぐための設備に関する専門的な知識が不可欠です。また、耐火や耐震、衛生面などの法律の知識も必要になります。一軒の家を実際に建てようと思うと、多くの専門家が必要になります。

今、世界で課題となっている気候変動への対応も同じです。一国、一分野のアクションだけでは、地球全体の気候変動への解決にはつながりません。国や大組織ができることと個人ができることは、それぞれ異なりますし、トップダウンとボトムアップの両方が必要です。だからこそ、科学者から、政治家、官僚、ビジネスマン、そして生活者など、さまざまな分野の専門家が必要なのです。

②課題の不確実化──誰も未来を想定できない

私たちは、現在の延長線上から未来を想定することが難しい社会に生きています。目の前のタスクを順当にこなしていれば、年を重ねるごとに給与が上がるわけではありませんし、技術も必ずしも直線に進化するとは言えません。

携帯電話の変遷を思い出してみてください。普及し始めた2000年頃から10年の間、技術は発展し、CPUの速度の向上が求められ、速度や品質、コネクティビティの向上が進められてきました。しかし、同期音声コミュニケーションの道具という枠組みを抜けることはありませんでした。ところが、皆さんもご存知の通り、iPhoneの出現（2007年）はその景色を一変させました。次のマーケットの覇者は速度や品質の向上の先にはありませんでした。リニアな発展を遂げていくと考えられていた携帯電話市場は、音声コミュニケーションの道具からさまざまなチャネルを備えたマルチ・コミュニケーションのツールに変化したのです。

このように、今までの経済や社会や技術発展の経験則に則って未来を描こうとすると、大切なことを見逃してしまう恐れが顕著になってきています。そもそも、課題はなんなのか、見つめるべき未来は何か、いままでの常識に捉われない、新しい物の見方や方法論が求められています。

③課題の多元化・多様化——一つの視点からでは解決できない

複雑・不確実な未来に対応するには、多元的な視点からのアプローチが必要です。技術的には優れた解決策だったとしても、経済的に採算がとれなければ実現されることはありません。技術性・経済性が見合っていたとしても、その社会の文化的背景にそぐわなければ、浸透するのはそもそも難しいということもあるはずです。シンプルに、技術・経済性・社会文化の三つの視点から考えてみても、未来に対応するためには、多元的な視点が求められることがわかります。

また、現代社会に生きる私たちには、多様な視点の考慮を求められる機会が多くなっています。さまざまな立場があり、それは時と場合によっては、対立することがあります。男性にとっての最適解は、女性や子供、障害者にとっての最適解ではないかもしれません。日本人にとっての最適解は、他の文化の人たちにとっては、まったくの非常識になるケースもありえます。社会におけるマイノリティの視点は、特に忘れられがちです。

たとえば、東京やロンドン、ニューヨークといった大都市は、新しいモノやコト、トレンドがすぐに反映される刺激的な街で、多彩な人たちによる新しい試みがつぎつぎに生まれます。ただ、子供や老人、障害者にとってはどうでしょうか。小さな子供を連れて歩くには、簡単に動き回れない場所であるかもしれません。一人であれば1分もかからないところでエレベーターを探してベビーカーで延々と構内を歩き回る必要もあるかもしれません。大都市の多くのエリアは、子供、体が不自由な人、高齢者などにとって時に不便な場所となります。

このように、多くの人々が共存する社会では、多くの人の視点をさまざまな次元で寄せ集めて最適解をみなで考えることが、今まで考えもしなかった新しい視点につながります。リビングラボが求められているのは、こうしたやっかいな課題にたいして、有効な手だてを打てるからです。

本書全体の構成

本書は、3部で構成されています。第1部では、「ようこそリビングラボへ」と題し、リビングラボについての導入編をお送りします。まず、第1章では、リビングラボとはなにかを紹介します。第2章では、リビングラボでなにができるのか、そして、第3章では、なぜいまリビングラボが必要とされているのかについて、解説します。

第2部では、「リビングラボを学ぶ」と題し、リビングラボのプロセスやメソッド、歴史を学びます。まず第4章で、実践に取り組む際に参考になる、どのように手順で進めるものなのか、そのプロセスを例にあてはめながら、解説していきます。第5章では、その各プロセスにおいて、役立つ具体的な手法を説明します。そして第6章で、リビングラボがどのような経緯で生まれてきたのか（歴史的背景）について紐解きます。

第3部は「リビングラボを見学する」と題し、リビングラボについて、だいたい輪郭がつかめ、中身もわかったところで、実際に行われてきた事例を、北欧とアジアを中心に見ていきます。

執筆は、NTTグループでリビングラボ研究プロジェクトを立ち上げ、現在は地域創生を専門とする会社である地域創生Coデザイン研究所で実践を行う木村篤信と、デンマークのロレスキ大学で教鞭をとる安岡美佳です。また、二人は日本のリビングラボコミュニティである、一般社団法人日本リビングラボネットワークの立ち上げメンバーでもあります。内容については著者二人が議論をしながら構成・執筆していますが、主に第1部は安岡が、第2部は木村が担当しました。また、第3部は、北欧の事例を安岡が、日本やアジアの事例を木村が紹介しています。

それでは、リビングラボの世界へ、見学に行きましょう。

はじめてのリビングラボ

目次

第2部 リビングラボを学ぶ

第3部 リビングラボを見学する

第1部

ようこそ リビングラボへ

第１章

リビングラボってどんなところ？

１ リビングラボとは？

リビングラボとは何でしょうか？　リビングラボについて、みなさんはどのようなイメージを持っていますか。その名を初めて聞いた方もいるかもしれません。

ウェブで「リビングラボ」を検索してみると、「Ｌｉｖｉｎｇ（暮らし）」と「Ｌａｂ（実験室）」を組み合わせた言葉」と説明され、「生活者視点に立った新しいサービスや商品を生みだす場所」、「オープンイノベーションをユーザや市民が生活する場で行う共創活動やその活動拠点」[1]などの定義がでてきます。確かに間違ってはいないのですが、リビングラボのほんの一面を示しているにすぎません。

もう少し詳細に、リビングラボを「実世界の環境で、現実的な問題の解決や新しい技術やサービスを試験するためのオープンイノベーションのアプローチであり、実践、そして場である」[2]と説明することもできるかもしれません。ただ、このような説明を聞いても、雲を掴むようで、ピンと来ないかもしれません。そこで、まずは、リビングラボの特徴として挙げられることの多い三つの視点から見ていきたいと思います。

一つ目に、リビングラボは、生活の場や働く場などの実際にサービスや技術が使われる環境、つまり「実世界の環境」で行われることが重要です。つまり、複雑性を排除した実験室ではなく、複雑でとりとめのない現実の空間であることが重要です。毎日の生活の場で、サービスや技術がどのように機能するかを見ることがリビングラボのアプローチです。

二つ目に、何よりも大切な視点として、当事者を中心に、「マルチステイクホルダー」が主体的に参加するという点があります。マルチステイクホルダーとは、産業界、行政、学術界、市民といった社会を構成する多種多様なプレイヤー、利害関係者を指します。何らかの主張（ステイク）を持っている人たちみんながラボの輪に加わるということです。

三つ目として、リビングラボは、「オープンイノベーション」のアプローチであることが重要です。オープンにイノベーションを行うということを掘り下げていくと、その根本には多様な人たちと共につくりあげる（共創）という民主主義的な思想に基づく手法であることが見えてきます。

それでは、今挙げた三つのリビングラボの特徴を、もう少し詳しく展開していきましょう。

（1）リビングラボは生活の場で実施される

日常生活の場がリビングラボ

リビングラボは、生活の場や働く場など、サービスや技術が使われる環境で実施されます。生活の場や働く場とは、つまり実際に人々が日常生活を営む「実世界の環境」です。そのような日常の場において、トライアルアンドエラー（挑戦と失敗）を重ねるといった実験行為が行われている場がリビングラボであり、リビングラボのアプローチを実践しているということになります。

たとえば、あなた自身が、もし、毎日の生活の中でトライアルアンドエラーをすることで、新しい知見を得て、それを振り返り、さらにそれに改良を加え、新しいモノやコトをつくりだしているのであれば、あなたはすでにリビングラボの実践者であり、あなたの生活圏は、すでにリビングラボの第一の特徴を備えていると言えます。

かつて「Ｌａｂ（実験室）」は、コントロールされた空間として捉えられていました。物理実験であれば、人間がコントロールした環境下、たとえば「大気がない状態」を仮定して、物理量ないしは物理量の変化を抽出して物質が従う法則を発見しよう、といったことが行われます。社会実験においても、ラボで実施される統制実験では、参加する人数、参加者の条件を規定し、架空の状況を設定し実験が行われます。

生活の場をラボにするリビングラボでは、社会のコンテクスト（状況）における固有の影響を重視します。それは、人は社会的コンテクストによって、捉え方が変わり、行動を変えるからです。[3] リビングラボでは、意図的な制約はつくらず、実際の生活の中で、さまざまな実践を進めていきます。つまり、リビングラボとは、「実世界の環境」で発生しうるであろう計算の困難な複雑なインタラクションや変化を受け入れながら、長期的な視点でサービスや技術、社会の仕組みといったモノやコトを模索し、みんなで新しいモノやコト、さらには社会をつくっていく場でありアプローチなのです。

生活の場で実施される理由

なぜ、実験室における実験ではなくて、生活の場で実験するのでしょうか。それは現実社会での影響を知りたければ、実際の環境で試してみるしかないからです。生活の場で実験してしまおうという考えは、とても単純なアプローチに思えますが、科学の現場では近年まで注目されず、実施されてきていませんでした。

長い間、実験室での実験が唯一の科学的方法であると思われていたこともありますし、今まで科学では、人は合理的な判断をすると考えていました。[4] しかしながら、実際のところ、人は実験室での実験における行動と生活の場における行動が同じとは限らないのです。それは、その人が実験のときには意識的に態度を変えたり、ずる賢いからなどの理由ではなく、人は、他者や情報とのインタラクションによって考えを変え、慣れによって自分の行為を知らず知らずのうちに変えていくからです。[5]　そして意見や態度を変えたことすら、認識してないことの方が多いのです。

少しわかりにくいでしょうか。例として、「フードロスという社会課題の解消のために、ＩＴを使って何ができるか」という課題を見立ててみましょう。解決策の模索をするプロセスとして、センサーを用いて日常のデータを収集しつつ、近い未来につくられるかもしれない食品廃棄を減らすためのＩＴツールを簡易なプロトタイプとして構築し、その未来ツールであるプロトタイプを導入した環境で、半年や一年といった長期間試してみるといったことが考えられます。このようなタイプの課題解決においては、実際の生活の場で、さまざまな立場の人が、さまざまな角度から可能性を模索し、さまざまなツールや方策を試してみるということが重要です。初めは「良いアイディアだ！」と思っても一カ月ツールを使ううちに、利用者が負担に感じるようになるかもしれません。逆に、初めは抵抗があっても、しばらく使っていたら操作やデータの見方に慣れて問題を感じなくなるかもしれません。もしくは、そもそも廃棄を減らすのではなく、愛着を持てるような未来の食を再考することが重要であるという気づきにつながるかもしれません。人間は学習しますし、考え方も変わります。そして、時間の経過とともに、ツールも社会も変化します。

このように、リビングラボとは、学習や変化をパラメータとして組み込み、生活の場で模索を重ねながら、より良いデザインを継続して積み重ねていく試みです。

（2）リビングラボでは誰もが専門家

当事者が参加する

リビングラボでは、企業、公共機関、大学、市民（産官学民）といった社会を構成している多様な役割を持つ人たちが参加して一緒に問題解決に取り組みます。時には、産官学民のすべて集めることが難しいこともあるでしょうが、何をおいても絶対欠かせないのは、問題に直面している「当事者」です。つまり、当事者が中心になって、リビングラボを行うことが必須です。

これまで課題をまさに抱えているはずの当事者は、どちらかというと見過ごされる傾向にありました。たとえば、新しい高齢者向けのサービスをつくるというプロジェクトであれば、サービス開発企業はデザイナーや高齢者施設と協力体制をとるかもしれません。しかしながら、当事者である高齢者はおそらく蚊帳の外です。良くて高齢者を対象にインタビューや質問紙調査を実施して、当事者の意見を聞きました、と言うぐらいでしょう。これは、当事者が高齢者である場合に限りません。新しい中等教育プログラムをつくろうというときに、そのプログラムを受講する子供たちを議論に加えるでしょうか。新しい移民法案を提案する際に、その議論の場に移民が中心的な存在として参加するでしょうか。リビングラボでは、そのような社会で排除されがちな当事者に舵取りを任せたり、参加する枠組みを提供します。

当事者を中心に据え、そこに関連各所が集まり議論し、解決策を紡ぎだしていくことが重要です。

産官学民のマルチステイクホルダー参加

多様な人が参加する場というのは、実は面倒くさくもあるのですが、とても重要であると同時に、長期的に見ると効率的な方法でもあります。たとえば、昨今、国連がＳＤＧｓを提唱し、持続可能な社会をつくることが、世界の共通の課題となっています。今までも国連は社会を良くするための取り組みを続けてきましたし、世界中の聡明なリーダーたちが多くの議論を経て、トップダウンで戦略を打ち出してきました。貧困の撲滅、女子教育の充実など一定の成果は見られてきましたが、ここにきて、国連は方針を転換しました。

一つには、企業を積極的に仲間にするようになりました。世界中のリーダーたちが世界中の企業に、環境破壊の当事者としてＳＤＧｓのために何ができるか主体的に考えること、その目標を宣言する企業を支援しだしたのです。この戦略により、多くの企業が「ＳＤＧｓ」という言葉で社会への貢献を語るようになりました。まだまだ実を結んでいるとは言いがたいかもしれませんが、より多くの企業が、環境破壊に影響を与え、また影響を受ける当事者として、自分たちができることを模索し始め、同じ言語で語り始めています。

また、子供たちの参加を促しました。国連や関連ＮＧＯは、教育プログラムを作成・提供し、学校とともに、自分ごととして考えるためのツールを準備することで、より多くの子供たちが参加したくなるような体制をつくって行きました。各種ツールやプログラムを通して、子供たちは当事者意識を持って何ができるかを模索し、自分たちの行動を振り返るようになりました。そして、学校で学んだ子供たちは、その知見を家庭に持って帰り、親を巻き込んでＳＤＧｓに取り組むようになっています。たとえば、肉の摂取量を減らす、資源ゴミを分類するといったことが、先進的な欧州の一般家庭では、子供たちと一緒に、時には子供たち主導で始まっています。

　ボトムアップで取り組むということは、たとえ遠回りに見えたとしても、社会を変え未来をつくるおそらくもっとも理にかなった方法です。政治家や為政者などは、社会を構成する一部にすぎないからです。たとえ、リーダーたちが優秀であったとしても、状況は同じです。リーダーが課題を認識し「みなさん環境に対して意識を高めましょう！」と声を大きく言ったとしても、強権国家に強制されたり、生活を揺るがすようなペナルティが課されたりしない限り社会は変わりません。社会を構成する大多数の市民のマインドセットの転換を引き起こすには、トップダウンだけでは限界があるのです。

　社会を変えるためには、どうすればいいかという大きな課題に対する一つのシンプルな答えは、社会を構成するすべての人が、社会の課題を自分ごとにして考え、小さくてもいいので自分なりの解決策を主体的に実践することなのです。こうやって、一人ひとりが考えることで社会に大きなうねりが生まれます。

みんなが専門家

リビングラボでは、参加する一人ひとりが「重要」で、傾聴すべき意見を持っている「何らかの専門家」であると捉えます。必要のない人はいませんし、みんなが重要です。

「みんなが何らかの専門家」と聞くと、多くの人は、自分は専門的な知識を持っているわけではないし、専門家でも何でもないと考えるかもしれません。でも、リビングラボでは、そのように考えません。たとえば、あなたが一度も大都市に住んだことがない地方在住の人であれば「地方生活の専門家」ですし、毎日の家事に工夫を凝らす主婦であったとしたら「家事の効率化」の専門家なのです。私たちはみんなさまざまな分野の専門家です。そして、それぞれの立場から貢献できることを自分で探し、主張していくことは、もはや「専門家」としての義務なのです。

（３）リビングラボはみんなで共創する場

とりあえずやってみる

リビングラボは、とりあえずアイディアや意思のある人が、やってみようという想いを主体的に試してみる場です。とにかく思いついたら「やってみるマインド」が重要です。

たとえば、世界の環境破壊を止めるために、ＳＤＧｓに貢献するために、何かしたいと思ったとします。とはいえ、自分一人ではなにもできないと無力感にさいなまれるかもしれません。でも、一人であったとしても、無力な子供だったとしても、できることがあります。実際に行動を起こして、「気候のための学校ストライキ」と書かれたプラカードを持って数時間座り込んだのが、当時15歳だったグレタ・トゥーンベリさんでした。

とりあえず、小さくてもいいので、できることからやってみることが重要です。許可がないといけないとか、数量や参加者が少なすぎるとか、思うかもしれません。ネガティブな意見を言われるかもしれません。でも、意見だけ言って、実際には手を動かさない人の方が多いのです。だからこそ、自分で手や足を動かして、とりあえずやってみることが重要です。そこから仲間が見つかったり、次の一歩が見えてくることがあります。

みんなでやってみる

リビングラボは、多様な人が参加し、共有できる価値を共に模索しながら、みんなで未来をつくる場所です。未来をつくることはイノベーションを起こすこととも言い換えられますが、ここでは、みんなが集まって一緒につくるという側面に注目します。

リビングラボではたくさんの人が関わります。「多くの」という点も重要ですが、さらに「多様な」ということも重要です。多様であるということで、さまざまな観点からものごとを見ることができ、描いた未来の受容可能性や持続可能性が高まるからです。どのような多様性を確保するかは、課題や目標によって異なるでしょうが、一般的な社会課題を扱うのであれば、関わる人たちの多様性は社会を反映しているのが理想的だと考えられます。

たとえば、社会が、51%の女性と49%の男性によって構成されているのであれば、男性だけによって決められた社会の仕組みは、女性にとって使いやすいのか、男性だけでなく女性も関わるのが良いのではないかと考えてみます。男女を例にしましたが、多様性には、ＬＧＢＴＱ、年齢、社会的弱者、外国人、移民・難民など社会を構成するあらゆる人たちが含まれます。

今の私たちが生きる社会は、複雑性と不確実性が高まっている社会です。複雑性が高いとは、現在の技術・社会・文化・経済の課題は、多くの要素が絡み合い、解決には複数の専門性が求められるため、一人の力では、簡単な解決策を見つけ出すことが困難であるということを指します。一方、不確実性が高いとは、今までの成功体験に基づく成功が確約されない、今までの延長線上で未来を見通すことが困難になっているということです。私たちの今の社会は、いわゆる解決までの道のりが見えない、複雑性かつ不確実性の高い「やっかいな問題」[6]が溢れており、その問題の解決策は、今までの課題解決方法の延長線上に見つからないのです。

このような視点から見ると、現代社会では、複雑性に対処するための異なる多様な専門性を持った人たちの協力、つまりマルチステイクホルダーによる協調作業が必要であり、不確実性に対処するために、枠組みにとらわれない創造的な思考や行動が不可欠であることがわかります。

多様性とイノベーションの関係

近年の研究で、多様性はイノベーションを促進するということがわかってきました。90年代頃までは、創造性というのは科学では捉えられておらず、一部の天才の一％のひらめきから起こると考えられていました。しかしながら、ひらめきというのは、なにもブラックボックスではなく、適切なプロセスやみなが必ず通る王道があるということがわかってきました。イノベーションの鍵は、マルチステイクホルダー型の協調作業や、適切なプロセス、そして、枠を越える思考や行動にあります。

米国コロラド大学のゲルハルト・フィッシャーらは、現代社会が分野の細分化や情報の爆発に直面する社会であることを指摘し、現代社会において一人が一生のうちに獲得できる知識には限界があること、複雑化する技術・社会・文化・経済の課題に取り組むには、協調作業が不可欠であることを主張してきました。[7] これまでも、創造性やイノベーションは、「分野、文化の境目で、創造的カオスがもたらされることで誕生する」[8] とみなされてきたこともあり、複数の異なる知識分野の専門家が集うことが不可欠であるという認識はされていました。同様の視点を、デザイン研究者の上平崇仁も、書籍『コ・デザイン』で「潮境」という言葉を使って「ものごとや領域が交わり合う場所には、異なる人々が乗り入れることでそこに価値が生まれ連鎖的な出来事が起こる」[9] と言及されています。多くの魚が潮目に集まるように、多くのひらめきは分野の境目で起こるのです。

近年は、創造性やイノベーションは、社会にとって特別なニーズではなく、不可欠な基礎能力であるという視点が指摘されています。同時に、多様性は創造性の障害ではなく、イノベーションに欠かせない源泉であることが、具体的な事例からも明らかにされるようになっています。[10] つまり、異なる視点や知識を持つ専門家チームを構成し人材の戦略的配置を行うことで、コミュニティ全体の創造性が刺激されると考えられるのです。

とはいえ、分野や文化的背景の違う者たちが集い協調作業を行うことは、語彙、ものの見方、規則、手順、常識の違いなどから、意思の疎通を図るのが困難で衝突は避けられません。[11] この異文化[12]の問題に対する簡単な解決策はなく、異文化協調作業の重要性は理解されていても、実践されにくいという課題がありました。しかしながら、困難は予想されても、イノベーションの源泉であることが証明されているのであれば、そのアプローチを使わないのは勿体なさすぎます。

リビングラボは、打ち出の小槌ではなく、イノベーションを確約するわけでもありませんが、それでも、他のどのようなメソッドにもない、異文化を包含し協調作業を支援する仕組みを多く備えているのです。

2　リビングラボにまつわる誤解

リビングラボとは、生活の場で実施され、当事者が中心となり産官学民のマルチステイクホルダーが集い、実験的な試みが続けられ、結果的にイノベーションが生まれる場であることを説明してきました。多様な人が参加し、長期視点で考え、変化を受け入れ、新しいモノやコトをつくりだすという特徴がありますし、その特徴を機能させるべく、参加・振り返り・変化を支援する仕組みが組み込まれています。つまり、リビングラボは、価値づくり、未来づくりの場なのです。

これらをまとめると、本章の冒頭で紹介したように、リビングラボとは「実世界の環境で、現実的な問題の解決や新しい技術やサービスを試験するためのオープンイノベーションのアプローチであり、実践、そして場である」という説明が腑に落ちるのではないでしょうか。

それでは、ここからはいくつかのリビングラボの本質に関するよくある誤解について、一緒に考えてみたいと思います。

（１）リビングラボとはメソッドである？

リビングラボは、メソッドであると捉えられることが多いようです。メソッドであるとは、プロセスがあり適切な方法論があるということで、その方法に乗っ取ってやれば上手くいくといった幻想を抱かせます。必ずしも間違えではないのかもしれませんが、どちらかという「仕組み」や「哲学」と言った言葉の方が正確のような気がします。

リビングラボのルーツはいくつかありますが、ここでは北欧型のリビングラボの捉え方から考えてみます。北欧では、リビングラボは、みんなで対話を進めながら、新しいモノやコトをつくり（共創）、自分ごととして社会課題の解決を長期的に模索するための土壌づくりと捉えています。さらに、この土壌は、固定的なものではなく、常に変化し続けるインフラという意味合いが強くなっています。

ゆえに、リビングラボは、新技術の実証実験のためのプラットフォームでも、リビングラボという名のビルやオフィスなどのハコモノでもありません。インフラとしてのリビングラボは、意識的にせよ無意識的にせよ、当事者性を醸成する仕掛けや仕組みを内包しているイキモノです。長期的に取り組むことで、参加者たちの中に「当事者意識」を醸成し、結果の可視化を通して、自分がやっていることは意味があるという「自己肯定感」につながる仕組みです。

もう少し別の視点から見てみましょう。新しいモノ・コトづくりは決して簡単ではないので、根気よく長期的に取り組むことが必要です。普通の人たちが根気よく長期的に取り組むためには、「自分がやりたいから」「重要性を認識しているから」といったような内から滲み出る自分なりの理由や目的意識が不可欠ですし、また、自発的に取り組むこと、そして、無理のない範囲で動かすことが重要です。

リビングラボは、そうした自発性をサポートするために、オープンイノベーションのためのインフラを提供します。社会に現存し根づく多様なサポートツールをさらに活用しやすいように整備します。また、実験室（Ｌａｂ）なので、失敗することが前提の取り組みと捉え、どんな結果であれ、そのときの経験を蓄積できることを重視します。

リビングラボの考え方の根底には、いうなれば、自分たちが望む社会のかたちを多様性の中で模索し続けることは当然であるという考えがあり、その根っこを掘り下げていくと、社会を構成するすべての人たちが納得する社会をつくっていくという民主主義の思想や哲学にまで行き着きます。リビングラボを、仕組みとして深く社会に根付かせ、みんなが活用できるツールにすることが重要なのです。

（２）リビングラボとは建物である？

リビングラボとは、どういうものなのだろうか、と疑問に思う人たちは、まずリビング

コペンハーゲン近郊でのリビングラボの様子

ラボという箱を訪問して理解し、学びたいと考えることでしょう。目で見て感じることで、リビングラボが学べるのではないかと多くの人たちは考えます。そして、そのような、ニーズや要望は、妥当なものだと思います。

ただ、リビングラボは、必ずしも物理的な場所や建物や部屋であるとは限らず、また、訪問し目で見たからといって、理解できるというものでもありません。多くの場合、リビングラボは、一見何の変哲もない普通の個人宅や施設や公園であったりします。実験室っぽい場所でもなければ、測定装置などのガジェットも、多くの場合設置されていませんので、訪問しただけ、見ただけでは、何がリビングラボなのかわからないことの方が多いのです。

次の画像は、リビングラボの特徴をよく示していています。画像には、自転車道路の脇に掲示された「実験中」という文字とプロジェクトウェブサイトのリンクが見えます。300メートルほど先に行くと掲示にイラストで描かれた自転車用信号機が設置されています。実際、信号が機能していなかったとしても、掲示に示されているように「実験中」であるということを通行人は知っているので、特に不思議にも思いません。そのうち、「実験中」の掲示は外され、同じ形状の自転車用信号機を街中のさまざまな場所で見かけるようになりました。設置の妥当性と効果が証明され、街全体に展開されるようになったのです。

この画像で示したのは、リビングラボは、建物などの場所ではなく「実践とその場」として見る点が鍵になるということです。リビングラボを実施するフィールドとして、物理的な場は、あるに越したことはありませんし、場があることでみなが集まりやすくなり、リビングラボが活性化されるということは十分にありえます。ただ、必ずしも決まった建物・場所がある必要はないのです。

(3) リビングラボとは当事者のためのものである？

リビングラボには、産官学民にわたるマルチステイクホルダーが集まると前述しました。その多種多様な関係者の中で、リビングラボでもっとも大切な参加者は「当事者」です。

どんなプロジェクトであれ、「当事者」は必ず参加するべき不可欠な存在です。

たとえば、高齢者のウェルビーイングを考えるためのリビングラボで、当事者である高齢者が参加しないということはありえません。当事者の参加がなかなか難しい場合でも、どうにかして彼らが参加できる環境を優先して考えます。また、幼稚園にＩＴコミュニケーションシステムの導入を考察する際に、システムを日常的に使うことになる現場の保育士や幼児の親が参加しないことはありません。

しかしながら、同時に、当事者がいさえすれば、他の人たちはどうでも良い、というわけではありません。「当事者参加」が強調されすぎると、他の参加者が軽視され、関与しづらくなります。リビングラボにおいては、当事者だけでなく、新しいモノやコトの導入に影響を受ける利害関係者すべてが重要です。当事者が満足するアウトプットになったとしても、当事者以外のニーズや目的が満たされないのであれば、つまり解決策の合意が利害関係者間でとれなければ、プロジェクトの成功や長期にわたって維持できる解決策にはつながらないからです。

たとえば、デンマークでは、２０１５年頃から、高齢者施設でのＩＴツールの導入に関わるリビングラボプロジェクトが各自治体で積極的に進められています。組織、財務、当事者の三視点がＫＰＩ（評価軸）として設定され、導入するかの判断は、業務の効率化と介護士の働きやすさが両立するか、組織運営のコストカットにつながるか、そして、高齢者のウェルビーイングが向上するか、これらの三本柱が重視されます。介護士にとってＩＴ

ツールが負担にならず使いやすいと感じ、労働環境の向上につながっているか、施設が無理をせずに使い続けられるだけの妥当なコストであるのかは、ウェルビーイングの向上と同等に重要な要件の一つです。

「当事者参加が重要」であるから、当事者の意見は重視されるが、他の利害関係者の意見は軽んじられる、もしくは、当事者参加を促すために、他の利害関係者が妥協して当事者の意見を優先させるということになってしまうのであれば、当事者参加も本末転倒です。適切な「参加」の姿とは、参加者それぞれが一票を持ち、それぞれの立場で最良の方法を主張しつつも、妥協したり、新しい考え方を受け入れることによって、三者三様の視点のすり合わせに努力することです。

第2章

リビングラボでなにができるのか？

第1章では、リビングラボとはどんなところなのかを見てきました。第2章では、リビングラボで何ができるのかを考えてみたいと思います。まずは、リビングラボが何に使われるのか、そこで何ができるのか、そしてリビングラボをすることで何がもたらされるのかを考えてみたいと思います。

次に、リビングラボを実施する人たち、参加する人たちのそれぞれの立場から、何ができるかを考えてみたいと思います。リビングラボでできることはたくさんありますが、誰の視点で見るかによって、「できること」の定義が少しずつ変わってきます。そのため、リビングラボに関わる立場によって、何ができるのかを考えてみるというアプローチをとりたいと思います。

この章をつうじて、読者のみなさんが、それぞれの分野のそれぞれの立場で、独自の役割を認識し、「リビングラボを使ってできることがある」ということに気づいてもらえればと思います。

1 リビングラボでできること

リビングラボは、昨今、高齢者支援、デジタル支援、ヘルスケア、まちづくり、地域産業の育成、食の問題、移民対策、スタートアップ支援、政策提言など、社会課題が顕在化しているさまざまな分野で活用されるようになっています。

第1章で、リビングラボとは「多様な人が価値を共につくるところ」であると紹介しましたが、一緒に何かをつくっていくということは、一緒に未来をつくると言い換えることもできます。どのような未来をつくりたいかを考えて、その目標に向かって共創することがリビングラボです。つまり、リビングラボを実施している人たちは、みんなで一緒に未来をつくっているのです。この「みんなで一緒につくる」という表現は、ちょっと専門的な用語にすると、「共創（CoCreation）」と呼ばれています。「未来をつくるための共創」こそが、リビングラボでできることです。

（1）モノづくりとコトづくり

リビングラボをつうじて、アウトプットとして現れるのは、目で見たり手で触れられるモノやサービスであるかもしれませんし、目では見えない手では触れられないプロセスや仕組みかもしれません。

リビングラボでできることとして、まず、具体的なモノづくりとコトづくり、という視点から考えてみるのが一番わかりやすいと思いますので、そこから始めてみましょう。

①リビングラボでのモノづくり

リビングラボでのモノづくりは、小さくは、ＩｏＴ（Internet of Things）のデバイス、アプリ、ソーシャルロボットなどをイメージしていただくといいでしょう。また、もう少しスケールを大きくすると、人が関わっている領域におけるテクノロジーや仕組みの開発、たとえば、スマートシティ、ロボットやＡＩなどの先端技術のデザインや実装などが行われています。さらに、大きくすると、リサイクルシステム、省エネシステム、自然エネルギーのシステムなどもデザインしてつくることができます。

北欧では、シニアを対象にしたさまざまなアプリ、ヘルスケアのツールやサービスが、リビングラボでつくられています。日本発のコミュニケーションロボットが、北欧の高齢者施設を舞台にしたリビングラボに導入され、機能の改良が進められたり、シニアの健康状態などの個別の文脈にカスタマイズした受容可能性が模索されるケースなどもあります。スマートシティといった街づくりの文脈では、地域の草の根コミュニティや地場産業と共にリビングラボが実施され、たとえば、交通データを活用したデジタル道路標識が開発されたり、デジタルを活用した都市型農園がつくられたりしています。

リビングラボは、長期的な変化への対応を支援するので、数時間の単発ワークショップでコンセプトワークをするというよりは、継続的なワークショップでまずコンセプトがつくられ、モックアップが提案され、粒度の低いα・βバージョンがつくられるなどのように、数カ月、時には数年かけて新しいモノがつくられて行きます。そして折々に、試しにつくられたアプリや仕組みが日常生活で利用されたり、多様な人々に晒され使われることで改良され、洗練されていきます。社会的なコンテクストに合致するように、そして、より使いやすいものへと進化していきます。

②リビングラボでのコトづくり

リビングラボで行われるコトづくりは、仕組みづくりと言えるかもしれません。たとえば、街づくりにおいて持続可能なライフスタイルを実践し、そのライフスタイルを日常の生活の中に根付かせていくことです。社会制度などもリビングラボから生まれるコトであり、そこから始まり、法律などの具体的なモノに落とし込まれることもあります。仕組みとしてつくりだされたコトは、さらに、イノベーションのインキュベーターとなり、地域の社会課題の解決プロセスを見出し、コミュニティに根付いていくこともあります。

近年は、公益を主軸とする新しい企業形態や資金集めの方法を模索するリビングラボや、都会に生活しつつも自然との共生ができるような循環経済圏のデザインをめざすリビングラボが、北欧、オランダ、英国などで数多く見られています。株主中心の資本主義経済に疑問を持ち、異なる企業形態がないだろうかと模索する人たち（第3部「デモクラシー・ガレージ」参照）や、地球にも経済にも人にも優しいライフスタイルを探し続ける人たちが、コトづくりのリビングラボを牽引しています。

そのようなリビングラボは、同じ想いを持つ者同士が頻繁に交流できる機会を提供したり、学習・議論や発表する機会を設けています。リビングラボでの多様な活動をつうじて、参加する人々の中に知見が新しくつくられていきます。そして、その知見はそのリビングラボに蓄積され、人々は、コミュニティへの長期的な参加を通し学習や実践を強化していきます。

③データの活用

モノづくりやコトづくりにからめて、リビングラボでできることのもう一つが、データの利活用です。リビングラボは、「ラボ」として、新しいモノやコトがつくられる場所です。多くの試みが行われる結果、モノづくりやコトづくりのプロセスでデータがつくられ蓄積されています。そのため、リビングラボでは、データを集めて分析したり、ユーザエクスペリエンスを充実させるなど、リサーチ支援ができるような環境が自然と整えられていきます。

たとえば、デンマークのエグモント・ホイスコーレ（第3部参照）は、身体障害者と健常者が共同生活を送り学び合う公立国民学校ですが、同時に身体障害者、健常者、介護者、介護機器の製造販売をする企業といった関わるすべての人たちの間に、互酬的な関係が発生しているリビングラボです。モノやコトづくりを日常化させているリビングラボとして、トライアルアンドエラーが繰り返され、場に集う人たちに共有されています。そこでは、センサーを使った記録づくり・データ取得・相互インタビューなどが、日常になっています。前章で紹介したデジタル交通標識の改良を行うリビングラボなどもそうですが、「ラボ」として新しいモノやコトをつくってテストしてみる場所であるだけでなく、改良を進めるために、データを集めて、分析や評価なども行われています。さらに、そうしたデータは、別のプロジェクトにも活用されます。

（2）みんなで一緒につくること

リビングラボでは、「誰かがつくる」のではなく、「みんなで一緒につくる」ことを支援します。しかし、なぜ「一緒に」つくることが重要なのでしょうか。二つの点から考察していきましょう。

①「片方の」デザインから、「共に」のデザインへ

産業革命以降のモノづくりやデザインの文脈では、分業そして専門化が進み、多くの場

合「つくり手」と「つかい手」が分れていきました。そうして、依頼する側と依頼を受ける側に、どうしても力関係が生じるようになりました。たとえば、あるケースでは、「先生（デザイナー）の思い通りにつくってください」と、依頼する側が内容やプロセスを一任することがあります。また別のケースでは、「このようにつくってください」と、依頼側が詳細まで定める場合もあります。いずれにせよ、これらは、「共に」ではなく、「片方」のデザイン行為です。片方のデザインでは、でてきたアウトプットが依頼する側のイメージと異なるというコミュニケーションの齟齬がよく発生します。この齟齬は、工芸などの伝統的産業の文脈でも、近年のソフトウェア開発の現場でも、ものづくりに関わるありとあらゆる現場において、抜本的な解決策の見つからない課題であり続けています。

当事者が非当事者であるつくり手にデザインを依頼する理由はさまざまでしょうが、その根底には、当事者は「自分は専門家ではない」という認識があります。ゆえに、結果が自分の暮らしの質に大きく関わる事柄であるにもかかわらず、他人事として非当事者にお任せしてしまっています。同様に、非当事者（デザイナー）も「自分は専門家である」という認識があり、デザインの知識に欠けるアマチュアには任せておけないと、考える傾向があります。

しかしながら、社会の複雑性が高まるにつれ、こうした状況に変化が生まれてきました。一つの社会課題を解決したり、イノベーションを起こすには、一人が処理できる量以上の知識が必要となるため、知識は分散せざるをえず、一人ひとりの中にある知識を結集させることが求められます。逆に言えば、当事者が抱える課題や求めるイノベーションをデザイナーの知識のみで解決することは困難になっているのです。そのため、一緒につくることが抜本的な解決策につながります。たとえば、複雑化する金融のＩＴシステムは、ＩＴの知識や使い勝手の良いＵＸやインタラクションの知識ばかりでなく、金融の仕組みがわかっている当事者の知見が不可欠です。

当事者は、確かに、デザインの知見は足りないかもしれません。しかし、北欧をルーツにする「参加型デザイン」や、２０００年代頃に米国で生まれた「デザイン思考」は、これまでデザイナーが何をしているのか見えにくかったデザインのプロセスを、可視化しました。その結果、デザインをするときに使えるツールが充実し、非専門家にとってもデザインの敷居が下がってきています。

参加型デザインでは、提唱されてから50年の間、当事者の参加を支援し、共創を支援する方策としてのツールの開発が継続的に行われてきました。たとえば、当事者や関係者が集まるワークショップで活用されるツールです。[1]ツールには、デザインの知識がそれほどない人でも、また、多くのデザイナーなどの専門家がいる中でも、非デザイナーが気後れせずに参加できたり、積極的に意見を言いやすくしたり、デザインを提案したりする工夫がたくさん埋め込まれています。

このように、環境が整い、ツールが整ってきたことで、デザインの専門家との共創はもとより、当事者がデザインを主導するケースが、近年大幅に増えてきています。その流れの一角にあるのがリビングラボです。リビングラボには、長年の研究の蓄積から、専門家と非専門家が一緒になって、みんなでつくるためのさまざまな工夫が埋め込まれているのです。

②　多様な人の声を反映させる

多様な人たちの意見を取り入れてサービスや製品をつくっていくことは重要であるという視点は、最近生まれた考えではありません。異なるバックグラウンドや経験を持つ人々の視点を取り入れることで、より包括的で市場適応性の高い製品やサービスが生まれたり、イノベーションが促進されたり、ユーザエクスペリエンスの向上が図られてきました。また、多様性を尊重し異なる立場や価値観を考慮することで、ポジティブな組織のイメージを構築できるという点も、昔から注目されていました。しかしながら、その内実は、一方的な観察であったり、ユーザインタビューになりがちでした。リビングラボでは、このような一方通行の行為だけで「多様な人たちの意見を取り入れる」と称することはありません。リビングラボにおける「みんなで一緒につくる」ことは、多様な人たちから「意見を聞く」ということとは大きく異なります。

リビングラボにおいて、みんなで一緒につくるという行為は、一緒に頭を寄せ集めて議論しながらモノやコトをつくっていくということです。では、なぜ、リビングラボで、そのように多様な人の声を反映させることが重要だと考えるのでしょうか。第一に、関係するみんなにとってメリットがあるからです。つまり、あなたにとってもメリットがあるからです。みんなで一緒につくるのは、サービスを提供する側や製品を製造する側だけでなく、ユーザや当事者にとっても、実はとてもお得で便利です。自分で満足するものは当事者にしかわからないということもあるでしょうし、自分の好みにもっと合わせられたら、より便利にモノやコトを利用できます。そして、みんなでつくることで、一人ではできないことができるようになるという点も魅力です。

ただ、それだけではありません。第二に、多様な人たちと共創することは、倫理的にも大切なことであり、そのことに多くの人が気づき始めています。当事者ではない第三者として、関わることを考えてみましょう。たとえば、サービスを提供する企業や行政の立場として関わる場合です。当事者を知ることで認知したり、一緒に共通項を模索したりすることはできますが、本当に当事者の役に立つかは当事者しか判断できません。非当事者は、当事者の気持ちを完全に理解することや、その人を代弁することはできないからです。当事者でない人が当事者の気持ちを酌量することには、限界があります。本人しかわからない微妙な感覚がたくさんあります。

自分が当事者であった場合も同様です。他人が、自分の課題に向き合い考えてくれることは嬉しいかもしれません。ただ、誰かに気持ちを推しはかられるよりは、自分で発言をする機会が欲しくはないでしょうか。今まで、声を上げることが難しかった人はたくさんいます。特にマイノリティの場合は、力関係、安心安全な環境で発言できるかなどの制限があるため、声を上げるのが困難であるという状況は顕著な傾向にあります。女性、子供、移民、難民、障害者など、マイノリティは、社会のありとあらゆるところにいます。リビングラボは、みんなで一緒につくる場であるため、そんな人たちにも声を与えます。だからこそ、無意識のうちに弱者の権利を守ることにもつながります。

リビングラボは、どのような未来をつくりたいかをみんなで考え、みんなで一緒につくることを前提とする場です。つまり、誰かがつくってくれるのではなく、みんなでつくることを指向しています。ゆえに「多様な人の声を反映させる」仕組みが根付いています。

（3）当事者マインドの醸成と身体化

前節で、今までは、依頼される側／する側の片方のデザインが主流であったと述べました。そのような従来的なデザインの常識が見られる社会やコミュニティで、当事者が参加し、同期的な相互行為の枠組みでアクションを起こすのは、難しいことです。多くの場合、それまでの依頼者である当事者の役割は明確に定義されてきたからです。つまり、できたものを受け取るという役割です。そして、依頼される側／する側は両者共にそれぞれのマインドセットに凝り固まっているため、それぞれが規定された役割を演じようとします。

リビングラボをつうじて実践していくと、その結果、さまざまな変化が見られるようになりますが、その最たるものが、課題を感じている人たちのデザインへの関わり方や態度が大きく変化するという効果を生みだすことです。

①自分ごと化を促す

リビングラボは、当事者が主体的に自分の未来に関わることを半ば強制します。前提として適切な問いが投げかけられる必要がありますが、リビングラボに参加することで、普段は無関心を装っている当事者も、自分の課題を考えざるをえなくなります。それまで他人に任せきりだった自分の課題に向き合い対峙することが求められます。自分の課題に真摯に向き合うこと、そこから「自分ごと化」が始まります。

繰り返しになりますが、リビングラボでは、当事者が不可欠な参加者です。とはいえ、初めから主体的に関わる当事者ばかりではありません。単に何らかのきっかけでリビングラボに参加したにすぎないこともありますし、自分が何かに貢献できると認識していないかもしれません。しかしながら、参加することで、主体的に考えざるをえなくなります。リビングラボに参加すると、「当事者であるあなたはどうしたいの？」と問いかけられるからです。

もちろん、自分ごと化は、問いかけられれば発火されるかというと、そんなに簡単には運びません。当事者だからといって、デザインに慣れない人、意見を聞かれ慣れない人が、急に「意見を言ってください」「どうしたいのか教えてください」「最適な案を提案してください」、と言われてもそう簡単にできません。自分の課題であるとそれまで認識していなかった、考えてなかった、ということも多いからです。自分の問題として捉えていなかったものごとに対して、また、他人任せにしていたものごとに対して、どうしたいのかと急に聞かれて答えられる人は多くありません。

では、自分の課題であると考えてもらうこと、つまり当事者意識を醸成するには、どうしたらいいのでしょうか。残念ながら、一足飛びに解決できる方法はありません。ただ、一つ明らかなのは、良い共創の環境とツールがあることで、できることは増えていくということです。そのため、リビングラボは、まさに良い共創の環境と多くの用意されたツールをつうじて、当事者に語りかけます。

参加している当事者たちは、主体的に意見を言うことで、そして自分の意見が結果に反映されることで、自分の役割を見出し、貢献していると感じるようになり、参加していることに自信を持つようになります。少しずつかもしれませんが、現場の課題についてよく知っている自分たちこそが、意見を言うべき存在であるということに気づくのです。そこで、当事者意識が醸成され、より強固になります。対象となっている課題は自分の未来に関わる事象であると気づき、自分の考えや意見が未来を左右することに気づき、課題を自分ごと化するようになります。そして、強化された当事者意識は、未来のデザイン行為により いっそう積極的に関わることにつながります。こうして、良い循環が生まれていきます。

②身体化をスピードアップする

リビングラボでは、長期的に色々な人との共創が実践され継続されるので、当初は上手くいかない行為も、慣れてできるようになります。「身体化」、つまり身体で覚えるようになるのです。しかも、仕組みとして提供される構造化された知識の方法に基づき共創が実践されるので、リビングラボでは、一人で模索することに比べて、身体化をスピードアップさせることができます。

みんなで未来を共創するという行為やプロセスを身体で覚えていくと、無意識のうちにマインドも変わっていきます。ここでの変化とは、お互いの理解が進み、当初は不可解だった考えを理解し受け入れたり、多様性を受け入れつつもみなが納得する合意を生みだすことです。たとえば、かつて、高齢者の携帯電話の利用は広がらないと言われていた時代がありました。操作に不慣れであるとか、高齢による身体的能力の低下などが理由として挙げられていました。しかし、現状はどうでしょうか。使いやすいアプリが登場し、今では、多くの「シニア」がスマートフォンを保有し、使いこなしています。初めは時間がかかっていた写真撮影やメッセージの送付も今では難なくこなすシニアも多いのではないでしょうか。

スマートフォンの身体化は、家族や友人に使い方を教えてもらったり、わからないときに即座に対応してもらうことで、効率的な学びにつながります。「慣れ」が解決する問題はたくさんあり、そこに適切な型の学習環境があることで、スピードアップが計れます。身体化により不安は軽減され、使い勝手も向上します。そして、無意識のうちに、かつての考えに変化が生まれます。当事者としてマインドセットを変えた高齢者たちは、「このテクノロジーは有益である」と合意できるようになります。このような慣れによる身体化、マインドセットの転換、合意形成の経験は、ありとあらゆる分野で発生します。そしてこれらのプロセスを構造化された知識、仕組み、ツールで支え、スピードアップを可能にするのがリビングラボです。

身体化についてもう少し、別の視点から説明したいと思います。近年日本でも見られるすし職人学校やバーテンダースクールは短期間で専門家を育てます。批判もあるかもしれませんが、そのような学校では、外在化された知識の型の学習、そして、短期だけれども集中して実施される実践的な学び、つまりスムースな身体化に必要な両輪があります。この両輪が、数十年かかると言われる分野において、短期間での専門家養成を可能にしています。もちろん、短期間で育て上げられたモダンな料理人と長期間の修行によって身体化される旧来の職人スキルには、大きな違いがあることは想像に難くありませんし、そこでかけられた時間が最終的には質の違いを生みだすでしょう。ただ、型を学び、超高速ですし職人になった人は、その後30年かけて経験を積み、高品質なサービスを提供する職人になることも十分考えられます。

リビングラボは、導入としてはすし職人学校やバーテンダースクールのようなものかもしれません。未来をつくりだす共創を達成するには、型の学習と毎日の生活に根付いた実践の両輪が重要だからです。誰も見たことのない新しいモノやコトをつくるときも同様です。つまり、リビングラボは、共創のための身体化をスピードアップさせる、つまり近道の方法を提供します。30年かけてデザインの専門家になるために学ぶことは尊いことですが、やはり時間がかかりますし、みんながデザインの専門家になる必要はありません。リビングラボを活用することで、自分の専門を追求しつつ、他の専門家と共創もできる人になれるのです。

このように、社会課題の解決をめざし、主体的に関わることによって、当事者意識（自分ごと化）が生まれ、その意識はリビングラボによって強化されます。さらに、身体を通した体験学習により、意識変容・行動変容が起こります。その変容は周囲に影響を与え、コミュニティ全体で学習が強化されるようになります。[2] リビングラボでは、そのような循環がスピードアップされて見られます。そして、当事者・企業・研究者・公共機関などの参加者それぞれが自分ごと化に取り組み、マインドセットを変化させるので、各人が当初描いていた理想の未来は、当人にとっても理想でなくなっていきます。こうして、他者とのインタラクションから生まれた新しい考えが共有され、みんなが合意できる第三の未来がつくられていきます。

リビングラボは、一見、モノ・コトをもたらしてくれる仕組みにすぎません。ただ、その本質をもっと深くまで掘り下げていくと、その肝は、モノづくりコトづくりだけではなく、共創を通して生まれる自分ごと化、身体化、多様性を包含する合意などといった複数の「変化」にあります。リビングラボは、単なる共創の場ではなく、未来をつくるために必要な変化を支える「仕組み」なのです。

では、次に、それぞれの参加者の立場から「リビングラボがもたらしてくれるもの」をもう少し具体的に考えてみたいと思います。

2　リビングラボは誰のもの？

リビングラボについてでてくる疑問の一つに、誰がリビングラボを実施しているのかという問いがあります。運営をしているのは、またリーダーシップをとっているのは、誰なのでしょうか。行政でしょうか、企業でしょうか、それとも市民でしょうか。いったい誰がオーナーシップを持っているのでしょうか。

今、日本でリビングラボを実践している人たちや団体を見渡してみると、行政であったり、企業であったり、地域のコミュニティであったりします。つまり、実践現場を見てみると、いろんな立場の人たちが、いろんなかたちのリビングラボをつくり、いろんな実践を試みているようです。では、どれが正解で、どれがリビングラボの本来の姿なのでしょうか。

結論から言えば、リビングラボは、課題に気づいていたり、試したいことがあったり、また、やりたいという意志がある人ならば、誰が実施してもいいし、誰にとっても有益な仕組みとなりえます。

実際に、世界中のリビングラボがどのような人たちの手によって実施されているかを見てみると、日本と同じように実践者たちの属性はさまざまです。リビングラボは、産官学民の多種多様な分野で、何かを変えたい、良くしていきたい、新しく取り組みたいと考える人たちが湧きでる想いを実現させるために使うものです。ステイクホルダーのそれぞれが主体的に取り組み、他の人たちと協働しつつ、イノベーションに取り組む際に使える仕組みです。

ここからは、当事者、企業、公共機関、研究者、「それぞれの立場」からの、リビングラボへの関わり方を見ていくことで、リビングラボで何ができるのかを考えていきたいと思います。

（1）当事者として関わる

もしあなたが、日常生活で何らかの課題やニーズを感じているのであれば、その課題の当事者として、解決を求めてリビングラボを始めたり、参加したり、運営に関わることができます。

リビングラボは、当事者の日常生活に大きく関わるニーズや課題、社会問題を扱います。当事者であるあなたにとって、自分の未来に大きな影響を与えることなので、積極的に関わりたいと思うモチベーションは、潜在的に存在します。

ゆえに、当事者がリビングラボに関わるメリットは無限大です。ここではその中でも次の三つのメリットを考えてみたいと思います。

① サービスや技術の開発に影響を与えられる

まず、リビングラボに参加することで、将来、社会に導入されるかもしれないサービスや技術の開発に、一人の潜在的利用者として影響を与えられます。すでに市場に導入され、一方的に与えられるだけのサービスや技術は、あなたのニーズに合ってないかもしれませんし、ニーズに沿っていたとしても、使いにくかったり納得いかない点が多々あるかもしれません。当事者として関われば、製品やサービスに自分の意見を組み込める可能性が高まります。

② サービスや技術について学習できる

リビングラボの参加者は、サービスや技術がまだアイディアの種の段階から関わります。そのため、どうしてそのサービスや製品が必要だと考えられたのか、どのような議論や経緯を経て、そのサービスや製品に行き着いたのかについて深く理解しています。空想の中だけではなく、実際に、現在の技術がどのレベルなのかを体感することができ、実際に導入されるとしたら自分はどうしたいかなどの可能性を模索することができます。当事者として関わることで、サービスや技術についてより深い知見を得られるのです。

③サービスや技術のアンバサダーになれる

未来のサービスや製品に事前に慣れ親しんでいるので、実際にそのサービスや技術が社会にでてきた際に、周囲にその良さを伝えたり、使い方を伝えるなど、いわばアンバサダーの役割を果たすことができます。サービスや技術のデザインプロセスに深く関わり、自分が大切だと考える点が組み込まれた結果、社会に導入されていくモノやコトに対して、愛着を持って周囲に伝えられるので、影の立役者、支援者となるでしょう。

（２）企業として関わる

あなたが企業としてリビングラボを進めていこう、活用しようと思った場合、リビングラボに関わる目的やメリットはどのようなものでしょうか。

リビングラボでは、社会に溢れる課題において、企業として何ができるかを模索し、企業が保有するサービスや技術の優位性を活用することができます。そして、社会の課題解決に直接的に貢献することができるのです。企業は、他のステイクホルダーが持っていいないリソースや技術、知見などを持って、リビングラボに参加することになります。

企業がリビングラボに関わるメリットも、無限大です。ここではその中でも次の三つに関して考えてみたいと思います。

① 効果的な開発ができる

リビングラボでは、社会課題の解決につながるサービスや製品開発を、当事者など他のステイクホルダーと一緒に進めることができます。それゆえ、サービスや技術のタネを、デザイン初期段階から当事者とのインタラクションを通して深めることができます。そのため、需要がある程度見込めますし、当事者に受容度が高いモノやコトを練りあげることが可能になります。

ステイクホルダーを置き去りにしてつくられた製品や技術は、社会のニーズとのすり合わせに時間を要します。時間と労力をかけてつくったサービスでも、もしかしたら、見向きもされないかもしれません。リビングラボでは、多種多様なステイクホルダーが集い、オープンイノベーションを志向するので、行政面での障害や法的課題、当事者の多種多様なニーズが、開発段階ですでに洗いだされることになります。

② 潜在ニーズにアクセスできる

企業は、リビングラボを通して、当事者やその他のステイクホルダーと課題解決のプロジェクトを実施することになります。そのため、効率よく効果的に、潜在的で外在化されていない当事者やその他のステイクホルダーのニーズにアクセスすることができます。長期的なプロジェクトのプロセスにおいて、企業の見方は変化しますし、当事者の考え方も変化していきます。そのような不可避な変化を理解し、対応することができます。

長期的な活動を視野に入れ、リビングラボの持続性を高められれば、企業はリビングラボを通して、企業活動と顧客の長期的な関係を構築することにもつながります。たとえば、北欧のプロジェクトでは、ステイクホルダーに必ず行政が入っています。長期的視点でリビングラボを運営することができれば、行政のニーズにもアクセスすることができ、そこから新しいビジネスにつながることも多くあります。

③ ローンチ前から支援が得られる

新しいサービスや技術は、たとえ良いものであったとしても、市場への投入から社会で認知され受容されるまでには時間を要します。しかしながら、ローンチ前から、多くのステイクホルダーと一緒に模索し、つくりあげてきたサービスや技術であれば、当事者視点、社会受容の視点、行政視点からの利点などがすでに明確になっています。

まったく知られていないサービスや技術をローンチする場合には、不慣れから生じる不満や反発、疑問が投げかけられることもあります。そのような不満をもしかしたら避けられるかもしれませんし、たとえ不満が生まれたとしても、仲間としてやってきた当事者たちが、うまく利点や便益を説き、企業の立場をより当事者に寄り添ったかたちで代弁してくれるかもしれません。

（3）公共機関として関わる

国や地方自治体などの公共機関にとって、リビングラボを活用するメリットは多く、リビングラボを始めたり、参加したり、運営したりすることは、もはや地域運営や市民サービスの一つと言っても良いレベルです。リビングラボでは、社会課題が多く扱われますが、国や地方自治体といった公共機関が直接的・間接的に解決しなくてはいけない課題につながっていることが多いためです。

公共機関がリビングラボに関わるメリットを、次の三つの点から考えてみたいと思います。

①公共機関に対する認知を高められる

公共機関は、リビングラボを実施することで、当事者と向き合うことになりますので、市民のニーズや課題をよりタイムリーに、かつ詳細に把握することができます。さらに、多くの市民と接点を持つことになりますので、市民に公共機関の施策や計画を、より深く認知してもらう機会を持てます。国の政策には、一見、市民に負担を強いるものもあるでしょう。しかし、市民（当事者）が、税収の減少や自然災害による国庫の逼迫が例年よりも深刻であるなど、その背景に何があるのかを理解していることで、たとえ痛みを伴うものであっても、政策導入が上手く進むかもしれません。

② 当事者の意見を計画に組み込める

当事者である市民を巻き込んだリビングラボが日常になることで、中長期的な地域計画の策定に、市民の直接の意見や視点を組み込むことができます。市民は多種多様ですから、公共機関の想像の及ばない悩みや不安があるかもしれません。

当事者である市民は、単なるヒアリングでは、一方的に実現可能性の低い希望を言うだけかもしれません。しかしながら、リビングラボをつうじて、国や自治体の状況を踏まえたうえで、どのようなことを市民として行政に望むかという姿勢に変わっていきます。そのような観点から出されたニーズは、直近の当事者ニーズのみに左右されない、長期的な地域力の向上を図ることにつながります。

③ 支援や負担の軽減につながる

リビングラボは、マルチステイクホルダーを指向しています。行政は、限りあるリソースと無数の課題を抱えていることはどこの国でも同様ですが、マルチステイクホルダーでリビングラボを実施することで、負担を分散することができます。たとえば、問題解決のプロセスに企業や研究者など他のステイクホルダーに加わってもらうことで技術的支援を受けたり、データ分析などの負担を軽減することができます。

公共機関のリソースは、多くの場合、税金など市民からの拠出金です。そのため、限られた予算で最大のパフォーマンスを示す必要があります。限られたリソースを適切な場所に使い、他者の手を借りられるところは借りることで、より充実した公共政策を進めることができます。

(4) 研究者として関わる

研究者にとっても、リビングラボを活用するメリットは多々あります。何よりも、研究者のテーマは、他のステイクホルダーが時間がなかったり、もしくはリソースやスキル不足でできないこと、もしくはビジネスとして成立しないからコストがかけられない、あるいは関心がないことであったりします。データの整備やメンテナンスといった、他のステイクホルダーが苦手とする活動そのものが研究につながる場合もあるでしょう。さらに、大学の研究は社会への貢献が見えにくいと批判されることも多い昨今ですが、最新の学術的知見をコミュニティに共有することで、学術の面で貢献することができる可能性も大いにあります。

ここでは、研究者がリビングラボに関わるメリットを次の三つから考えてみたいと思います。

① フィールドデータを得られる

多くの企業や公共機関にとって、地道なリサーチやワークショップといった試み、それに伴うデータ収集や分析などは、時間とコストがかかりすぎ、予算を得ることが難しい場合が多々あります。

一方で、文化人類学的研究やデザイン研究、社会におけるITなどを研究対象とする研究者にとって、新しい試みが常に展開され、多くの人が関わるリビングラボは、フィールドデータの宝庫になりえます。リサーチやワークショップの実施自体が、研究対象になることもあります。そしてフィールドでつくられた多くの量的・質的データは、研究の分析対象になり、分析結果につなげることもできます。

② 研究を社会に還元できる

研究者が得意とするデータの収集や分析などは、行政や当事者にとっては、リソースやスキル不足、時間がない、もしくは関心がないなどで省みられないこともあるでしょう。しかしながら、それらのデータや分析結果などは、データに基づいた政策やプロジェクトの実施には不可欠です。そして、それらのデータを用いた分析は、前述のように研究者の研究対象となりえます。そう考えると、研究者は、リビングラボにおいて、情報を収集し、まとめ、報告するという、重要な役割を担うことにもつながるのです。

③ 研究成果につながる

さらに、そのような調査や分析結果は、データの扱いようによっては論文につなげることもでき、研究者としての業績にもつながります。センシティブな個人データの扱いには十分配慮が必要ですし、実際にデータを広く公開する場合には、参加者の承認が必要になるでしょう。しかし、リビングラボ研究は、そもそものオープンイノベーションの性質も手伝い、研究につながりやすくもあります。すでに国際的な学会では、欧州を始めとしたリビングラボの事例が数多く報告されています。

本節では、当事者・企業・公共機関・研究者の四つの異なる視点から、リビングラボへの関わり方を見てみました。このように、多様な立場の人たちが多様な視点から関わり、境界を越えて人々をつなげる「バウンダリーオブジェクト[3]」になっているのがリビングラボの特徴です。ここでは四つの視点を示しましたが、その状況に応じて、また別の立場のステイクホルダーの参加もあるでしょう。ここで重要なのは、一つの共通の大目標がありつつも、それぞれが異なる目的を持ち、異なる役割を持つことです。個々の目的がありつつも、全体が一つとして機能する、そんな多様な参加者のバウンダリーオブジェクトとして機能しているのがリビングラボの理想的なかたちです。

第3章 リビングラボはなぜいま注目されているのか？

リビングラボは、実世界の環境で、産官学民のマルチステイクホルダーで取り組む、オープンイノベーションの共創の場であるということを第1章で述べました。そして、前章でも紹介しましたが、さまざまな人たちがさまざまな理由で、リビングラボを活用しています。リビングラボが盛んな欧州を例にとると、組織や企業におけるイノベーション活動で活用されることもあれば、地域の社会課題に取り組む仕組みとして、市民や地方自治体やNPOによって使われるケースもあります。デザイン、科学、コンピュータ関連の分野でモノづくりに関わる研究をする研究者たちが、テクノロジーの社会実装を目的としてリビングラボを活用するケースも見られます。

では、なぜ、今、これだけさまざまな場所で、リビングラボが必要とされているのでしょうか。それは、今の社会に溢れる「やっかいな問題」や、現代人が求める価値観と深く関係しています。この章では、今の社会や世界において、リビングラボがどう有効なのかを、「イノベーション」、そして、「テクノロジー」と「社会参加」というキーワードを軸に、見ていきたいと思います。

1 なぜ、今の社会はイノベーションを求めるのか？

今の私たちの社会では、これまでにないソリューションが求められています。複雑な社会課題には唯一の解決策があるわけではなく、今までとは異なる新しい見方、新しいルール、新しい仕組みや制度が求められています。また、社会課題の解決といったマイナスをプラスにするためにだけではなく、ゼロから1を生みだすイノベーションが求められています。そのような社会において、リビングラボは、どのようにイノベーションを起こせるのでしょうか。

（1）加速し、多様化する社会

そもそも、イノベーションを切望する私たちの社会は、現在どのような状況にあるのでしょうか。あらためて、二つの特徴的な視点から考えてみたいと思います。

まず一つ目に、私たちは、急速に変化する社会に生きています。昨日の常識が、今日はもう非常識になっているような社会です。デジタル技術、人工知能、生命科学などの最先端のテクノロジーが私たちの社会をめまぐるしく更新しています。たとえば、２０００年頃には社会で認知されていなかったスマートフォンや機械翻訳、クラウドといったデジタル技術が、すでに空気のように存在しています。昨今では、生成ＡＩが想像を遥かに超えるスピードで変化し、新しいマーケットやビジネスモデルを生みだし、私たちの生活や仕事環境を大きく変えようとしています。

また、インターネットが、グローバルな世界のインフラとなり、世界の経済を結びつけ、網の目のような複雑な依存関係が生みだしました。その結果、世界の一箇所で起こった危機が広く瞬時に伝播することが度々見られるようになってきました。２００８年には、米国のサブプライムローン危機が発端となり、世界的な金融危機が引き起こされました。２０２０年に一部地域で発生したＣＯＶＩＤ‐19は瞬く間に全世界に広がりました。グローバル経済の進展は、一つの国やエリアの状況が、直接的・間接的に、世界全体に影響を与えることを、日常にしました。

社会の変化が早すぎて、時には、人や人の考えが追いついていないこともあります。導入される新しい技術や方法は、歴史を見ても、常に、社会にハレーションを生みだしています。技術の活用や社会への導入は、単なる要素技術の成熟化だけではなく、複数の技術の組み合わせや工夫、経済的支援や社会的認知、人の心理的受容が必要になってきます。社会・人・技術が複雑に絡み合い、急速に変化する社会で、人が変化を理解し、受容し、適切に対処することへの支援が求められています。

二つ目に、私たちは、多様化が進み続けている社会を生きています。先進国では、少子高齢化が進み、その影響で、一つの企業で正社員として働き続けるだけでなく、パートタイマーや派遣労働などのさまざまな労働形態が生まれています。近年、多様な生き方が認められるようになり、今までの常識、たとえば、適齢期になれば結婚して子供を産み育てる、といった人類がずっと行ってきたことすら、変化の兆しを見せています。私たちの社会では、多様な家族の姿、多様な性、多様な働き方、多様な食生活など、人の生活のさまざまな分野で多くの「多様なかたち」が見られるようになってきました。

このように、さまざまな生き方が模索されるようになった結果、人々が欲しがること、求めることも多様化しています。たとえば、一人でいたい人、パートナーを持たない人、結婚しない人が増加したことから、一人を対象とした旅行パッケージやレストランなどが提案されています。ＬＧＢＴＱが住みやすい街として注目されるコペンハーゲンでは、２０００年以降に新しく建築された公共・民間建築物の多くが男女共用のトイレを設置しています。多様化は、社会に変化をもたらし、時には、既存の考え方と衝突を見せています。

私たちは、このように多様化が進展し続け、一つの正解がなくなっている社会に生きています。正解がない中での社会づくりは、非常に困難です。

（２）リビングラボはイノベーションをもたらす仕組み

このように、私たちは、加速し、多様化する社会の状況に立ち向かうために、マインドセットの転換をする必要があります。今のやり方では、解決策が簡単に見つからない「やっかいな課題」に対して、従来とは異なる協力体制や、新しい解決アプローチ、そして、持続可能な解決策が求められています。これは、つまり、私たちの社会が、イノベーションを求めているということと同義です。ゆえに、イノベーションをもたらしうるリビングラボが注目されているのです。

とはいえ、「リビングラボはイノベーションを起こす」と言っても、リビングラボが設置されているだけでイノベーションが起きるわけではありません。リビングラボは、イノベーションにつながるアクションが生まれやすい環境をインフラとして提供するものです。そこには、イノベーションに不可欠な要素やさまざまな仕組みが組み込まれているため、イノベーションを支援することができるのです。

イノベーションにおいて大切だと考えられていることは何だったか覚えていますか。第1章の「多様性とイノベーションの関係」で述べたことですが、イノベーションというのは、一握りの天才のものでもなく、人智の及ばない範囲で発生するわけでもなく、複数の異なる知識分野の専門家が集うことでもたらされるものなのです。異なる知識や視点を持つチームを構成し、人材の戦略的配置をすることで、「創造的カオス」を発生させることは、科学的にも証明されているイノベーションを醸成するための第一歩なのです。そして、多様性に伴う困難が起こったとしても、そのようなマルチステイクホルダーでの取り組みは、バグではなくデザインされたものであり、イノベーションの源泉となっています。つまり、多様な人たちが集まり議論する場は、イノベーションがもたらされる環境なのです。

なぜ、リビングラボが今の社会で注目されているのか、という理由の一つがここに透けて見えてきませんか。リビングラボでは、誰もが専門家であるとみなしますし、多様性を重視し、異分野の人たちが共創するための工夫やプロセスなどが仕組みとして埋め込まれています。つまりリビングラボは、イノベーションを生みだすのに必要な要素が、仕組みとして埋め込まれている手法なのです。ゆえに、イノベーションを生みだす環境と親和性が高いのです。グローバル化が進み、多様性が進展する社会で、複雑で不確実性がマイナス面として注目されがちですが、それを利点に変えてしまうことがリビングラボにはできるのです。

2　なぜ、テクノロジーに向き合うことが必要なのか？

先ほども触れましたが、私たちはテクノロジーが日常生活の隅々にまで行き渡った社会を生きてます。さらに、近年ではＡＩサービスやアプリケーションが、生成ＡＩの技術的な躍進によって瞬く間に広がっています。この、凄まじい勢いで社会に広がるテクノロジーを始めとし、多くのテクノロジーは、社会や人への影響がわからないまま、つぎつぎと導入され、私たちの社会を加速させてきました。つまり私たちは、テクノロジードリブンの社会の真っ只中を生きています。

そこでは、開発やビジネスが常に優先され、テクノロジーへの問いかけは後追いになるため、新しく導入されたテクノロジーが社会に混乱をもたらすことがよくあります。そのようなテクノロジーが無節操に導入される社会と私たちはどのように向き合えば良いのでしょうか。

(1) テクノロジーは後戻りしない

テクノロジードリブンの社会に向き合うとは、テクノロジーと人間、そして人間がつくりだす社会の関係を考えるということです。テクノロジーを導入するかどうかという前段階も含め、導入されたテクノロジーをどう扱っていくかをつうじて、テクノロジーと人間の関係性を考えることが求められています。

テクノロジーにはさまざまな側面がありますが、大きくは人間の能力を拡張してきたという点にその本質があります。たとえば、かつて、目が悪い人は見えにくい生活を強いられていましたが、メガネが発明されたことで視覚が拡張され、目の悪くない人と同じ日常生活が送れるようになりました。また、人が徒歩で1日に移動できる距離はおよそ30キロほどと言われてますが、自転車・車・飛行機が発明されたことで、移動時間が短縮され、行動範囲が格段に広がりました。このように、テクノロジーは人の能力を拡張し、社会の発展へ貢献してきました。今、社会を席巻するデジタルテクノロジー、たとえば、ＩｏＴやＡＩなどは人間の能力を、意識下／無意識下含め、全方位的に拡張します。２０００年頃は、電子メールは辛うじて一般に広がりつつありましたが、FaceTimeやZoomといったＩＰ電話による安価な国際通話手段はありませんでしたし、DeepLやグーグル翻訳などのデジタルの翻訳ツールはありませんでした。しかしながら、現在の留学生はＩＰ電話を使って無料で母国にいる家族と連絡をとれますし、宿題を理解したりレポートを書く際に機械翻訳を活用し、格段に時間短縮できています。

このように、技術は人間のさまざまな能力を拡張しますが、同時に、人を騙したり、傷つけたり、社会を混乱させるために使うこともできます。移動手段である車や飛行機、船舶などは、軍事的にも利用されることで、発展してきた側面もあります。たとえば、ドローン技術は昨今めざましく向上していますが、残念ながら戦争やテロと深いつながりがあります。また、ＡＩ技術が急速に進展し、スクリーンの向こう側にいるのが、人間かコンピュータかを判断するのがても難しくなってきています。フェイク画像をつくったり、声を真似て、自分を偽って相手を騙すことも、簡単にできるようになっています。

このように、テクノロジーは、人間の能力を拡張してきたことは確かですが、同時に、悪用することもできる諸刃の剣でもあります。

私たちは、テクノロジーを自由意志で選択し、使ってきたと考えるかもしれません。しかし、ありとあらゆるところにデジタルテクノロジーが浸透し、その影響から逃れることは、非常に困難になっています。たとえば、ＳＮＳやサーチエンジンなどの弊害が多く指摘されていますが、それらを使わない選択をするのは、私たちにはもはや難しそうです。

技術は気づかない間に私たちの社会に溶け込み、日常生活に組み込まれていきます。無意識のうちに、すでに生活や仕事におけるコミュニケーションに根付いているがゆえに、デジタルに左右されない日常生活を送ろうと考えたとしても、ほぼ不可能でしょう。そのように考えると、私たちは、今すぐにでも、テクノロジーと真剣に向き合うことが求められている、と言えないでしょうか。

21世紀の我々の社会では、行政や企業の判断でＩＣＴやデジタルテクノロジーが導入されがちです。気が付かないうちに、社会や私たちの生活、さらに考え方にも影響を与えます。社会への影響が顕在化したときには、もう往々にして後戻りできません。

技術が複雑であればあるほど、人間や社会への直接的・間接的影響が予測しがたくなります。目で見たり触ったりしにくい新しい技術、たとえばＩｏＴ技術やビッグデータ解析技術、生成ＡＩといった複雑な先端技術が日常生活に浸透したとき、私たちの考え方への影響は、計りしれません。

日本で携帯通信機器が開発された当初、ターゲットユーザはビジネスマンでしたが、蓋を開けてみれば、女子高生がその利用を牽引しました。またスマートフォンそしてＳＮＳの出現によって、コミュニケーションが激変し、時には友人関係に亀裂を生じさせたり、若年層の鬱が増加したり、スマホ依存が社会問題になるとは、導入時にはほとんどの人が想定していなかったでしょう。あるいは、検索エンジンのグーグルが利用され始めた頃、高品質な百科事典が消えていくことをどの程度の人が認識していたでしょうか。

技術は当初の想定とは違う領域で活用されたり、開発者の意思に反して利用範囲がスケールしたりします。また、これまであったサービスを駆逐してしまうこともあります。しかし、多くの場合、私たちは、その影響が社会に広がって初めて認識します。

（２）リビングラボはテクノロジーをひらく

このように、私たちの社会はテクノロジーがまず先行し、それを受動的に受け入れてきたようにも思えます。新技術が社会に導入され、時に反対やハレーションを引き起こしたりしますが、時間が経つにつれていつの間にかみなが利用しており、その技術が以前はなかったことを忘れている、そんな状況が今までも何度も繰り返されてきました。

しかしながら、テクノロジーが社会に与える影響は、かつてないほど大きくなっています。だからこそ、今岐路に立っている私たちは、懸念を共有し、議論し、意識的に行動していくことが必要です。テクノロジーを社会と調和させるためのツールを意識的に使う時期にきているのではないでしょうか。

この現状が、リビングラボが必要とされる理由につながります。私たちの未来には、今後もさまざまなテクノロジーが存在するでしょうが、そのときに、リビングラボは、未来を考えるための一つのアプローチとして使えます。リビングラボを実践することで、「テクノロジーと人間」の関係について考えることを、参加者たちに促せます。

リビングラボでは、さまざまな人たちが一所に集い、課題に対して議論をし、トライアルアンドエラーを重ね、未来をみなで共創します。テクノロジーを積極的に利用する人ばかりでなく、テクノロジーを苦手とするため普段は発言する機会を得がたい人たちも参加します。テクノロジーの導入により、社会で影響をもっとも受ける人たちが当事者として参加し、今、懸念されていることへの模索の場として機能します。

多くの先端テクノロジーがそこで模索され、改良され、日常生活の中でトライアルアンドエラーが実施されます。挑戦と失敗が許容される場であるゆえ、まだ曖昧なコンセプトであったり、デザイン初期の段階から社会実装へ向けた段階まで、あらゆる開発のステージで、考える機会、発言する機会、物申す機会を提供します。

リビングラボは、先端技術や技術の社会実装のみを対象にするわけではありませんが、潜在的な可能性と親和性の高さから、特にＩＣＴ技術が関わる領域で実施されるケースが非常に多くなっています。というのも、ＩＣＴ技術の開発や実装において、人間が簡単に可視化できない機能や認識が困難なブラックボックスとなっているプロセスが多くあるからです。使ってみないとわからないものを、リビングラボという安全な小さな空間でまず試してみること、そしてそれらがどのような影響を与えるのかをみんなで考察し振り返ること。社会でいかに活用していくかを積極的に選択する際に、リビングラボは力を発揮できるのです。

3　なぜ、みんなの参加が必要なのか？

（１）一体化する世界、多様化する個人

情報環境、経済のグローバル化は、文化のグローバル化ももたらしました。世界市民と

いう共通認識を広めると同時に、多様性（ダイバーシティ）という観点がクローズアップされ、文化・宗教・人種・国籍から、性別や世代、障害者と健常者など、さまざまな多様性が受容されることが重要視されるようになりました。

ただ注意したいのは、多様性を受容するとは、異なる意見を無条件に受け入れることではありません。また、意見が違う人たちも一緒に、みなで仲良くしましょうという話でもありません。違う意見を持っている人がいる、違いがあることを認識したうえで、いかに共存できるかを考えることです。私たちが、一人ひとりの考え方の違いを認め、意見が違っても同じ社会にいるもの同士で共存する方法を一緒に模索すること、それが、多様性の受容です。

社会にある多様性を受容していくためには、みんなで社会をつくっていく、みんなで未来をつくっていく必要があります。別の言い方をすれば、社会参加を支援することがより強く求められているとも言えます。多くの人たちの社会参加が推進されることが、多様性の受容につながります。

ただ、言うのは簡単ですが、みんなが参加できるような仕組みを提供するのは簡単なことではありません。声が届きにくい人たちはどう参加するのか、多様な人にどう加わってもらうのか、関心の低い人にどう訴求していくのか、どうすればみんなが自分ごととして取り組めるようになるのか。考えるべきことはたくさんあります。

私たちの社会は、民主主義社会であり、市民一人が一票を持つ社会です。しかしながら、同時に、強者と弱者、マジョリティとマイノリティがいる社会でもあります。また一人の人の中でもその両方の側面があったりします。弱者やマイノリティの立場に置かれた場合、自分たちの意見が汲み入れられず、意にそぐわないルールに従って生活をせざるをえません。

市民の代表者である政治家やそれを執行する行政機関は、社会のためにと考えてさまざまな決断をしているはずです。また、企業も便利にしたいニーズに応えたいとサービスや製品を開発しているはずです。しかし、往々にしてそれは声の大きい強者やマジョリティに向けたものになりがちで、どうしても弱者や社会的マイノリティは、視野に入りにくく、見えにくく、理解されにくい存在になりがちです。苦しむ当事者にとっては、なおさら声が上げにくいという状況になります。

ここには構造的な差別というものが潜んでいます。積極的に差別したり、差別的な考え方を持っていなかったとしても、自分が今の制度から利益を受けている限り、間接的な加害者に図らずもなってしまうのです。知ろうとすれば、さまざまな手段で情報を手に入れることができるのですから、「知らなかったから自分は悪くない」「私には関係ない」と言っていいという論理はつうじなくなっています[1]。

加害者にならないためには、自分と違う立場の人たちのことを知ることが重要になります。さらに、マイノリティが、認知され、声が上げやすく、意見がきちんと受け取られる仕組みをつくることができたら、「誰一人取り残さない」社会に向かって変化していくのではないでしょうか。リビングラボの役割は、まさにここにあります。

（2）リビングラボは、参加型アプローチで、多様性を受容する

リビングラボは、社会参加のための、つまり、みなが集まり新しくものごとを共につくりあげていくための基盤を仕組みやツールのかたちで提供します。具体的なメソッドやツールの紹介は第2部に譲りたいと思いますが、その根幹にあるのは、「参加型デザイン」という手法です。参加型デザインとは、当事者をはじめとするすべてのステイクホルダーをデザインの過程に巻き込んでモノづくりやコトづくりの方向性を検討するアプローチです。

参加型デザインのルーツには、北欧における社会運動、そして社会民主主義という思想的な背景があります。１９６０〜１９７０年代に、工場やオフィスにコンピュータシステムが導入されることになったときに、トップダウンで一方的に判断するのではなく、弱い立場にいる労働者の意見を汲みあげ、彼らが求めるシステムの導入がいかにできるかを模索したのが参加型デザインの始まりです。経営者と労働者の対立をむしろ好機と捉え、ツールを用いて対話を促し、それぞれがどういう背景のもと主張しているのかを可視化し、双方の相互理解を深めたのです。

つまり、参加型デザインは、使い勝手の良いＩＴシステムを導入するための手法であっただけでなく、同時に格差や貧困を解消し、平等な社会をつくろうという運動でもあった

のです。[2]

こうして生まれた、リビングラボには、参加を積極的に促すための手法や知恵がたくさん埋め込まれています。たとえば、リビングラボは参加のハードルを下げるため、誰もがアクセスしやすい場を舞台に実施されます。毎日の生活の基盤としている自宅や商店街やオフィス、コミュニティスペースなどがリビングラボとして使われます。自分が日常生活の場にしている場所で、何か新しいことが試みられていたり、参加や発言の機会があったら、なんだか覗いてみたくならないでしょうか。自宅や職場からほんの一歩先に行ったところでリビングラボが実施されていれば、隙間時間に参加できますし、回数を重ねれば知り合いも増えるなどして、より頻繁に参加しやすくなります。仲の良い知り合いに会いに行くついでに、リビングラボにちょっと顔を出してみようかなと思えたりするかもしれません。

また当然、リビングラボは、誰にでもひらかれています。問題を抱えた当事者はもちろん、その解決に取り組むために関係する人たちはすべて、参加できます。参加者たちは、誰もが意味のある意見を持っている、聞いてもらうべき意見を持っている「専門家」であると考えますから、すべての人が貴重な存在です。

もちろん、社会を構成するすべての人たちを巻き込み、意見を汲み取り、そして立場の異なる人たちと一緒にものごとを新しくつくっていくということは、とてつもなく難しいことです。ただ、その困難な目標を達成するために、さまざまな工夫を凝らし、仕組みを組み込むことで、多様な人たちの参加を促し、意見を汲み取る環境をつくりだす、さらには、参加する人たちがお互いの意見を聞き理解し咀嚼し議論しやすくするような環境を整える、それがリビングラボが得意とすることです。

さらに、リビングラボは、とりあえずやってみようというトライアルアンドエラーを志向します。失敗を恐れがちな私たちにとっては簡単ではありませんが、参加者が新しいトライアルを実施することに対して心理的安全性を担保します。みんなの中にある心細さを支え、ちょっと優しく前に一歩進めるように促す環境を整えることで、みなが参加することを支援します。

また、リビングラボは、長期的な視点に基づいています。一回失敗しても、何度も試し、成功するまで続ければいいのです。人間は、変化を恐れるので、新しいモノ・コトを導入することは簡単ではありませんが、時間が解決につながることもあります。みなが納得する変化につなげるためには、時間をかけて一歩ずつ確かめながら共創することが欠かせません。

このように、リビングラボは、多様な人たちの参加を促す手法です。さまざまな理由や想いを持った多様な人たちが集い、異なる立場の人たちの意見が汲みあげられます。普段は声が届かない、聴いてもらえないと忸怩たる思いをしている人も、リビングラボという枠組みを活用し、集い、行動を起こすことで、意見を示し、伝えることができます。リビングラボには、さまざまな参加のための工夫、声を上げやすくする工夫、建設的な対話を継続的に進めるための工夫が埋め込まれています。

こうした先にあるのは、やはり「格差や貧困を解消し、平等な社会をつくること」なのかなと思います。これは、いわば、一巡して理想の民主主義を追求し続けることとも言えるかもしれません。私たちが意識的に取り組まなければならないことであり、今の社会で倫理的に求められていることであります。そんな風に感じている人たちが増えているからこそ、今、リビングラボが注目されているのではないでしょうか。

第2部

リビングラボを学ぶ

第4章

リビングラボのプロセス

リビングラボの輪郭を紹介した第1部はいかがでしたか。日本でも世界でも、国や地域の課題解決やビジネス開発の場面で、リビングラボへの関心が高まっていることを理解していただけたでしょうか。と同時に、リビングラボをどのようにやってみればいいんだろう、と思われていることでしょう。そこで第2部では、実践に取り組む際に参考になる、どのように手順で進めるものなのか（プロセス）、その時の具体的な進め方（手法）、そして、それらの考え方はどのような経緯で生まれてきたのか（歴史的背景）について解説します。

まず、この章では、リビングラボの進め方をざっくりと掴めるように、ガイドとなるプロセスを提示します。ただし、あらかじめお伝えしておくと、リビングラボは型通りのプロセスだけで習得できるものではありません。たとえば、デザイナーの実践知をわかりやすく五つのステップにまとめ、広く知られるようになった「デザイン思考」は、デザインの進め方の輪郭を理解するものとしては価値がある反面、批判も少なくありません[1]。その理由の一つには、実践的な視点との乖離やマインドセットの欠落があります。複雑性かつ不確実性の高い「やっかいな問題」に対して実践を進める際に、型通りのプロセスだけでは上手くいかないのは当然です。とはいえ、新しく実践を始める多くの人にとって、全体像が大雑把に掴めることは有効です。このような事情を割り切ったうえで、リビングラボのプロセスを提示していきます。

1　二つのリビングラボ

第1部では、リビングラボが、当事者・企業・公共機関・研究者などセクターの異なるマルチステイクホルダーが共に価値をつくる仕組みであることをお伝えしました。また、それぞれの関係者によって、狙いや課題が異なることもお伝えしました。では、それら四つの立場が重なりながら活動をするときのプロセスは、どのようになるのでしょうか。

リビングラボは、大きく二つに分けられます。一つは「仮説検証型リビングラボ」、もう一つは「仮説探索型リビングラボ」と呼ばれます。後ほど詳しく説明しますが、この二つは、まったく別のものという訳ではなく、後者の仮説探索型の方が射程が長く、その一部に前者の仮説検証型が含まれるイメージです。

（１）仮説検証型リビングラボ

仮説検証型リビングラボ（Hypothesis verification type Living Lab）は、テストベッド型とも呼ばれ、非常にシンプルです。企画の担当者があらかじめ設定した仮説や具体化された製品・サービスがすでにあり、それを当事者の暮らしの文脈で検証し、改良して、社会実装をめざすアプローチです。社会や地域において、その仮説が実現するときの価値や意味が明らかである場合に使われます。

たとえば、空港での出入国審査の自動化は、ユーザの待ち時間の減少や運営側の人件費の節約などの効果点から、顔認証システムの導入が望まれていました。一方で、空港においてユーザがミスなく利用してもらえるデザインになっているかを検証することが必要でした。そこで、当事者が新しい顔認証システムを問題なく利用できるのかを検証するために、リビングラボが用いられました。このような場合、検証に協力してくれる被験者グループを手配し、一カ月程度のプロジェクトが実施されます。

（２）仮説探索型リビングラボ

一方で、仮説探索型リビングラボ（Hypothesis search type Living Lab）は、問題定義やビジョン探索などの設計における初期段階から当事者が関わるアプローチです。現代のような複雑な社会では、机上における検討や、インタビューで得られた当事者の言葉だけでは、仮説が正しいのか間違っているのかの確信を持つことが難しい状況になっています。ほんとうに問題を抱える当事者にとって意味のある仮説なのか、これからの社会にとって本質を捉えた仮説なのかを探るプロセスは、これまで以上に求められています。[2] そうした場合に、仮説探索型リビングラボは、実際に、サービスや政策を実装する現場において、当事者の暮らしを実感しながら問題の構造を捉える場合に使われます。

たとえば、認知症当事者が行方不明になるという状況に対して、家族や介護を担当している事業者が位置情報を検知できる技術を使って問題を解決しようとしているとします。しかし、これまでの日々の暮らしを続けたい当事者にとっては、プライバシーの侵害と感じるやり方かもしれません。実際、位置情報を検知できるセンサーを埋め込んだ靴を用意しても、それに気づいて履かなくなったというエピソードもあります。位置情報を検知することは、当事者を見守りたい家族や施設で働く人にとっては必要な手段である一方で、当事者の知られたくない権利を奪うことになるのです。

こうしたケースを考える際に、仮説探索型リビングラボが有効です。認知症の当事者がどのような暮らし方を求めているのか、それを支えるにはどのようなサービスや技術が必要なのかをリサーチし、そこで得られた知見に基づいて、当事者の暮らしを変えていくことが目的となります。こちらは、仮説検証型よりも時間がかかり、三カ月から六カ月程度のプロジェクトとなるでしょう。

2　リビングラボの七つのプロセス

先ほど触れたように、二つのリビングラボは、異なるものとしてではなく、仮説検証型リビングラボが、仮説探索型リビングラボに含まれるものとして理解すると、わかりやすいでしょう。仮説検証型の前のフェーズを伸ばしていくと、仮説探索型になるというイメージです。

実際に、リビングラボには、以下の七つのプロセスがあります。

(1)プロジェクト定義
(2)対話・相互理解
(3)課題設定
(4)アイデア創出
(5)プロトタイピング
(6)実験的テスト

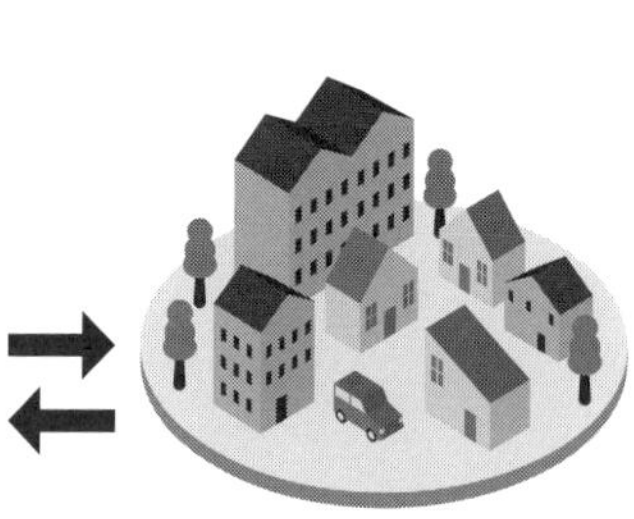

(7)社会実装テスト

（7）社会実装テスト

　このうちのすべて行うのが仮説探索型（1～7）、実験的テスト・社会実装テストを中心に行うのが仮説検証型（6～7）です。

　企業の開発者や大学の研究者が、すでに技術やプロトタイプを持っている場合は、仮説検証型リビングラボから始めることが多いです。たいして、公共機関や当事者が地域の問題に取り組む場合は、仮説探索型リビングラボから始めることが多いです。そもそも問題そのものがはっきりしていなかったり、あらためてステイクホルダーを巻き込みなおす場合にも有効です。

　また、仮説検証型で始まったプロジェクトが、仮説探索型リビングラボに転じるケースもあります。事前に持っていた技術を検証したけれども、前提としていた仮説を覆

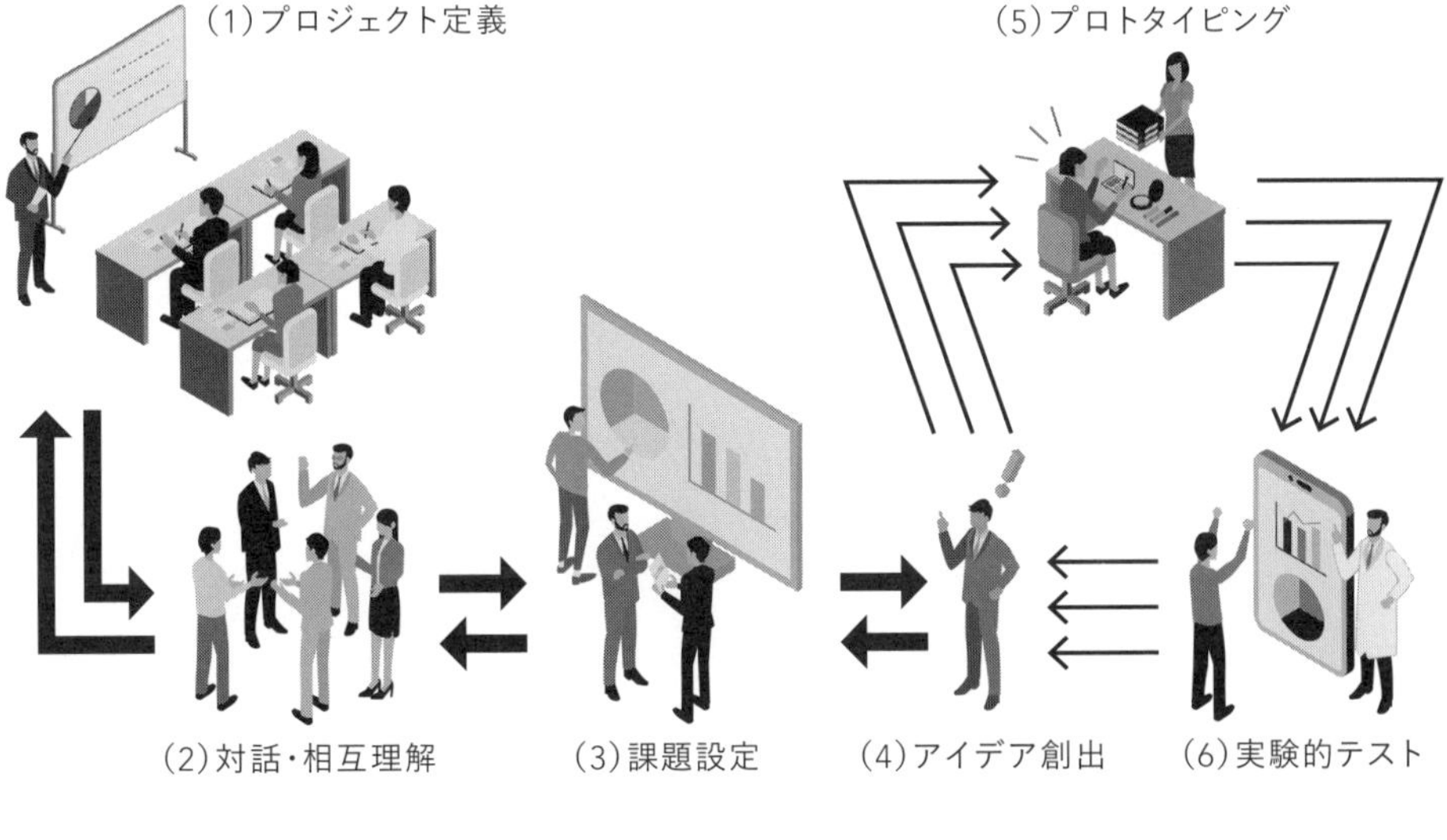

すような示唆が得られた場合です。計画を変更して仮説探索型リビングラボに切り替えるのか、計画が迫っているのでその時点では新しい示唆を横に置いておくのかは、プロジェクト関係者の判断になります。

それでは、リビングラボのプロセスを順番に説明していきましょう。

(1) プロジェクト定義

プロジェクトの実施主体である組織は、まず最初に、プロジェクトで取り組む問題を定義します。どんな問題に取り組むかは、そのチームの目的や状況によって変わります。企業の事業開発チームであれば、経営戦略に基づいて今後の事業として取り組みたい問題を定義するでしょう。公共機関の交通に関わる部署であれば、その地域の移動・交通に関する問題を定義することになります。当事者団体の場合は、団体の理念に基づいて、暮らしの問題が定義されるでしょう。いずれにしても、プロジェクトに取り組む組織が、どれだけのリソース（人やお金、時間）を投資して何の問題を解こうとしているのかを明確にすることから始まります。

（2）対話・相互理解

組織で問題が定義できたら、次は、その定義が実際の現場の状況とあっているのかを確認し、理解するプロセスが必要です。そのために、製品やサービスのユーザとなる当事者と、提供主体となる組織が対話し、相互に理解を深めます。とくに、これまでフラットな関係でユーザや市民と対話の場を持ったことがない企業や公共機関の場合、このプロセスは効果的です。対話をつうじて初めて、互いに学びや共通理解が生まれます。企業や公共機関の担当者は、組織の役割に縛られて見えていなかった暮らしの目線を実感することができます。ユーザや市民は、新しいテクノロジーに触れたり、行政の計画の方針を知ったりと、企業や公共機関が描いている未来や社会全体のインパクトについて視野を広げることができます。また、すでに似たテーマでプロジェクトに取り組んでいる研究者や有識者に話を聞くことで、当事者の目線からだけでは見えない、幅広い問題構造を理解することができます。

実際に当事者と会って対話をして、相互理解が進む中で、互いに学びが深まり、問題に対する解像度が高まります。そして、結果として、当初想定していたプロジェクト定義がずれていることに気づくのもこのプロセスです。問題のズレに気づけないままプロジェクトを進めると、無用な投資をしかねないのですが、このプロセスがあることで早い時期にズレを解消し、コストを省くことができます。

また対話・相互理解を行ううえでのもっとも重要なことは、この過程でさまざまなステイクホルダーが、組織の役割を脱いだ状態で人と人として対話し、付き合えることです。それぞれが社会の当事者として、腹を割って話し合うことで、地域の現場で起こる問題に取り組む産官学民のチームビルディングにつながります。よく「当事者を巻き込む」という表現が使われますが、その本質は「みんなが自分ごととして取り組む」状態になることです。そして、このチームビルディングに向けた対話の中で、そのチームで取り組むべきビジョンも見えてきます。

（３）課題設定

対話をつうじて問題への理解が深まったならば、めざすビジョンや取り組む課題を、当事者を交えて設定します。ここで大事なのが、当事者はもちろんのこと、企業の開発者や公共機関の職員といったステイクホルダーも自分ごととしての課題意識を持つことです。そして、自分たちが考えたビジョンやそれを実現するときに立ちはだかる問題を乗り越えるために、プロジェクトとしての課題を設定します。プロジェクトオーナーである組織は、当事者との対話を経て、当初の問題設定が間違っていなければこのプロジェクトを推進してよいという確信を得ることになります。あるいは、ズレを感じた場合は、プロジェクトを定義しなおします。

なお、当事者のための課題は暮らしの価値を高めることであり、これはリビングラボに取り組む前提でもあるので、意識されることが多いです。一方で、公共機関や企業が関わる際の課題は、少し性質が異なることに注意が必要です。公共機関であれば、その地域において中長期の目線で市民の暮らしの質に良いインパクトを生みだせるかどうかが実施や投資の判断基準になります。また、企業のプロジェクトであれば、世界のトレンドや地域の事情を踏まえた本質的な課題を掴み、それを解決することで新たなビジネス機会を生みだせそうかどうかが投資判断に影響を与えます。

（4）アイデア創出

課題が定義できたならば、それを解決するために、多様なアイデアを生みだします。社会課題に取り組むとき、どのようにすれば正しい解決策にたどりつくのかをあらかじめ知ることは困難です。そのようなときには、視野の狭い実現可能性よりも、創造性を重視して、幅広くアイデアを出すことが効果的です。困っていることを無くすだけでなく、自分たちがわくわくすることや、こだわりを持ち寄ることも有効です。このプロセスもまた、自分たちごととしてプロジェクトを進めるために重要です。

（５）プロトタイピング

アイデアをもとに、具体的にプロトタイプ[3]と呼ばれる試作品をつくる活動に移ります。これをプロトタイピングと言います。課題設定やアイデアが有効なのかどうか初期段階から学びを得るために、プロトタイプはつくりこまずに、早く安くつくったもので試します。当事者とやり取りができるものであれば、どんなかたちでも大丈夫です。たとえば、アイデアの書かれたポストイットやコンセプトを表現した映像でも、それを当事者に見せながらストーリーを伝えることができます。他にも、発泡スチロールや粘土を使った等身大のプロトタイプや、具体的に機能が動くスマホのアプリケーションでもよいでしょう。

アイデア創出とプロトタイピングのプロセスは、ワークショップの形式で行われる場合があります。ある場所に当事者を含めた参加者が集まり、全員でフラットにアイデアを出し合い、プロトタイプをつくります。ここで注意すべき点は、ただワークショップ形式で開催するだけでは、参加者全員が同じようにアイデアを出し、プロトタイプをつくることは難しいということです。アイデアを出すのが得意な人もいれば、慣れていない人もいます。プロトタイピングについても同じです。

そのため、リビングラボでは、誰もがフェアにアイデアをだせたり、プロトタイピングに主体的に取り組めるためのツールが用意されます。これは当事者（ユーザ・市民）が「暮らしの専門家」としての経験を持っていることに着目して、それをデザインに活かすことができるという考え方から来ています。そのため、リビングラボでは、どんな当事者でも自らを表現できる機会やツールが用意されるのです。

（6）実験的テスト

当事者とともに試作したプロトタイプができたら、今度はそれをテストします。つくったプロトタイプを活用し、製品やサービスが具体的に見たり触ったりできる状況で、当事者がどのような「体験」を得られるかを検証します。当事者に使われる製品やサービスを考えるためには、実際に彼らの声を聞き、反応を見て、学びを増やすことが大切です。これにより、当事者の生の声や実際の反応を得られます。できあがってきたプロトタイプの状態に応じて、当事者の暮らす現場でテストする「社会実装テスト」の段階に移った方がいいか、あるいは、「実験的テスト」を繰り返した方が良いのか判断します。

（7）社会実装テスト

実験的テストが上手くいったら、次は社会実装テストです。これは、作成したプロトタイプを当事者の実生活環境やそれに似た環境でテストするプロセスです。日々の暮らしの中での利用体験をつうじて、当事者が目標を達成できるか、効率よく操作できるか、不快な体験をしていないかなどを確認します。数週間から数カ月のテストを経て、プロトタイプが想定したように機能していることが確認できたら、暮らしの中で当事者が活用できる状況になったと言えるでしょう。

実験的テストは、早く安くプロトタイプを試すことに主眼が置かれました。一方で、社会実装テストは、実生活の環境で長期間行うのがポイントです。たとえば、ユーザの自宅、町の中にある広場や街角、食料品を売っている店舗、授業を行っている学校など、実際にそのテクノロジーやサービスが実装される場所で行います。

リビングラボに注目が集まる大きな理由は、実際に利用する当事者とともに取り組むことで製品やサービスが社会に導入される確率が高まるからです。実際、テクノロジーを活用した多くの実証実験が、実用化に至らずに終わっている現実があるため、社会実装まで実現することの期待が高まってます。

3　リビングラボの流れ――子育てアプリの事例をつうじて

さて、ここまで基本となるリビングラボのプロセスを説明してきましたので、ここからは事例にあてはめるかたちで、プロセスの流れを詳しく見ていきましょう。この例では、企業がリビングラボを主導するという観点から見ていきます。

①子育てにおける孤立――プロジェクト定義

社会課題解決を掲げるIT企業に勤めているAさんは、子育てに関する新しいサービスを開発するプロジェクトメンバーに選ばれました。Aさんはもともと社内の新規事業を開発する部署に配属していましたが、部署内のBさん、Cさんと一緒に三人で新プロジェクトの立ち上げに取り組むことになりました。期間は半年間で、事業化を判定する会議でのプレゼンに向けて、サービスのイメージやビジネスモデルをつくり、検証する必要があります。

チームメンバーに子育て経験者がいなかったため、あらためて、日本の子育て事情について詳しく状況を把握する必要がありました。そこでまず手始めに、現状の日本の子育てに関する問題や最近提供されている既存サービスなどを調べました。そんな中、Aさんたちは妊婦や子育て中の親の「孤立」という問題に関心を持ちました。子育てに限らず、「孤立」はさまざまな年代・地域においても社会問題であり、幅広い年代にサービス提供をしている会社の戦略とも一致すると考え、テーマとして定義しました。

②子育て当事者の実態を知る――対話・相互理解

次に、実際の子育ての状況を知るための調査を行いました。子育て中の親や地域で運営されている子育てサークルの人たちに話を聞きました。その中で、孤立が起こっている実情や、子育てにおける不安や日々のストレスなど、親が感じる精神的な負担についての理解が深まりました。また、子育て支援を行っている行政職員や子育てに関する研究者や有識者の方とも対話をしました。そして、当事者として親が感じる不安やストレスは、どうしても発生してしまうものであり、その個別の事象の解消よりも、親が子育て中に発生する不安やストレスに向き合えるような機会の必要性や、親自身の自己肯定感が高まることが重要であるという気づきを得ました。

③安心して自分自身に向き合えること――課題設定

対話のプロセスで出会った子育てサークルのDさんと行政職員のEさんにも協力してもらって、プロジェクトに取り組むことになりました。ここでAさんたちは、Dさん、Eさんと一緒に本質的な問題を捉えなおしながら、地域（当事者や行政機関）の視点からも企業の視点からも意味のある課題を再設定することにしました。企業が設定した問題を地域側に押し付けるだけでは、価値を生みださないプロジェクトになってしまうからです。よくある実証実験の失敗や実証実験疲れは、地域の外の人しか価値がないプロジェクトから生まれてしまいます。Aさんたちは、対話・相互理解のプロセスで感じた、子育て中の親の苦しさや楽しさなどの質的な側面を大事にしながら、パートナーやその周りにいる支援者などとの関係、行政や民間のサービスなどを構造的に捉えて、「親が安心して自分自身に向き合えること」を課題として設定しました。

④ 子育てアプリ――アイデア創出

設定した課題に対して、それを達成するアイデアを具体的に考え始めます。手がかりになるのは、対話・相互理解のプロセスで知った、世の中の事例や子育ての現場での実感です。調べた事例の一つに、子育て中の親同士が悩みや関心事について話し合い、自分にあった子育ての仕方を学ぶ「完璧な親なんていない（Nobody's Perfect）」というプログラムがありました。しかし、現場の状況を見てみると、他の親の子育てと自分のやり方を比較してしまい、交流サークルに参加したことで逆に自分の子育てに自信を無くすようなケースもあることが、わかりました。そこで、親自身のあり方の多様性を肯定するようなアイデアがいくつか検討されました。その中で議論を重ねて、アバターをつうじてコミュニケーションする中で、子育ての経験値を高めるだけでなく、親としての自信を取り戻していくアプリ、というアイデアが生まれました。

⑤ 実物大で触れるスマホ画面イメージ――プロトタイピング

次に、このアイデアを具現化するプロトタイピングに取り組みました。どういう見た目なのか、どういう機能があるのか、何ができてどういう結果が得られるのかなどを具体的に体験できるものをつくろうと、実物大で触ってみることのできるスマホの画面イメージをつくりました。スマホ画面の画像を紙で複数用意して、ボタンを選ぶたびに画像を切り替える簡単なプロトタイプです。実際にクリックして動作するように、プロトタイピング専用のツールを使う手もありましたが、まずは早めに試すことを優先しました。

⑥子育て中の人を集めて試してもらう——実験的テスト

子育てアプリのプロトタイプをつくったあとは、実験的な状況で使ってもらうテストの準備を始めます。Dさんは当事者の立場でもあるので、設計したテストの流れを事前に試してもらい、テストの改善に役立てました。その後、まとまった人数の当事者に試してもらうために、地域の子育てサークルや子連れヨガのコミュニティの参加者に趣旨を説明して、合計二〇名の子育て中の人たちにプロトタイプを使ってもらいました。

この実験室テストで、五分の一の親がボタンの選択で悩む様子を見せました。また、少数の親が、想定したテストの流れを完了できませんでした。一連の操作を進められた人たちにとっては、考えたアイデアには好意的で、効果がありそうだという感想を得ることができました。ここで得られたフィードバックをさっそく、アイデアやプロトタイプに反映し、改善のプロセスを回しました。これを何度か反復することによって、設定した課題を達成できるコンセプトが洗練化され、具体的な体験の設計指針が見えてきました。そして、ここまでの調査・検討結果とビジネスモデルとをセットで社内の事業化判定会議にかけました。ユーザのニーズを捉えたサービス体験が提供されるとの評価を受け、次のステップとして、ビジネスパートナーとともに社会実装テストを行うことになりました。

⑦子育て中の生活環境下で使ってもらって評価する――社会実装テスト

ここまでに得られたフィードバックを反映し、子育てアプリを完成品に近いかたちで準備します。そのうえで、社会実装をする環境でのテストを行います。今回の場合、サークルやコミュニティに参加しているときではなく、自宅や移動中など、一人でスマホを利用しているときがメインの利用シーンでした。そこで、参加者には、三週間、アプリを使ってもらうことにしました。テスト開始時のフィードバックだけでなく、慣れた段階でのフィードバックを得ることが、社会実装に向けた示唆としては重要です。

そこで、一週目、二週目、三週目の終わりに、それぞれ対面でのインタビューをして印象を聞きました。実際に、アプリとして利用されるときには、誰かが付き添いながら説明をし続けることはできません。ですので、このプロセスでは、アプリの使用感だけでなく、利用マニュアルや、参加者がトラブル対応時にどう対応したか、また運営に問い合せがあったときのオペレーションなど、実際にこのサービスが使われるときに起こりうる事象についても調査をしました。社会実装テストで得られた知見を統合的に活用したことで、当事者の問題や状況にフィットしつつ、運営者のオペレーションとしても無理がなく、経済性もバランスがとれたアプリを生みだすことができました。

ここまで、子育てアプリの事例をつうじて、リビングラボの始め方から、それぞれのプロセスを見てきました。リビングラボの一連のプロセスを見ると、企業の中でサービスをつくったり、行政の中で政策をつくったりするよりも大変だと感じたかもしれません。たしかに、新たに異なるセクターの関係者を巻き込んで進めるプロセスは大変です。しかし、この遠回りとも思えるプロセスが、最終的にテクノロジーを社会実装することや、みんなで政策に関わって社会をつくるための合理的なやり方なのです。

とはいえ、リビングラボを立ち上げるのは、荷が重いと感じるかもしれません。そうした場合はすでにあるリビングラボを利用するというのも手です。どこにどんなリビングラボがあるかを知りたい場合は、「日本リビングラボネットワーク（ＪＮｏＬＬ）」のホームページを参考にしてみてください。[4]

第5章 リビングラボの手法

1 リビングラボと手法の関係性

一連のリビングラボのプロセスを見てきましたが、それぞれを具体的に進めるにはどうすればよいのでしょうか。リビングラボとは、産官学民のような異なるセクターの人や団体がセクターを超えて共創を進めるための方法論です。リビングラボでは、当事者、企業や行政のような、行動様式が異なる人たちが共に議論したり、社会実装に関わるさまざまな人たちがプロジェクトに関わることが必要になります。価値創出にあたっても、セクターを超えて、統合的に価値を考えることが求められます。

リビングラボの目的は、社会や当事者の暮らしをより良くする製品やサービスを生みだすことなので、その手法には、さまざまな社会課題解決やイノベーション、コミュニティデザインのツールやテクニックが組み合わされて構成されます[1]。リビングラボは、実践的な方法論と呼ばれ、独自の手法を生みだすという学術的なスタンスよりも、すでにある複数の手法を組み合わせて目的を達成することを志向しています。この特徴ゆえリビングラボはマルチメソッドアプローチ（Multi-method approach）とも言われます[2]。

本章では、前述した七つのプロセスに沿って、リビングラボの実践にあたって有用な手法のうち、一般的に利用されるものをピックアップして紹介します。以下が、これから扱う手法です。

（1）プロジェクト定義の手法
①バリュートライアングル
②リソースマトリックス
（2）対話・相互理解の手法
③哲学対話
④リッチピクチャー
（3）課題設定の手法
⑤半構造化インタビュー
⑥行動観察
⑦因果的階層分析
（4）アイデア創出の手法

⑧ 二段階ブレスト
⑨ ＫＪ法
⑩ Generative tool kit
（5）プロトタイピングの手法
⑪ コンテクスチュアル（文脈的）プロトタイピング
⑫ エクスペリエンス（体験的）プロトタイピング
⑬ ファンクショナル（機能的）プロトタイピング
（6）実験的テストの手法
⑭ ユーザビリティテスト
⑮ 思考発話法
⑯ ダイアリー法
（7）社会実装テストの手法
⑰ 包括的評価ツール

2　リビングラボの七つの手法とツール

（1）プロジェクト定義のための手法

リビングラボは、当事者を含むマルチステイクホルダーと「共に進める」方法論であるとともに、「価値を生みだす」共創の方法論でもあります。「共に進める」という形式を重視して当事者の声だけに寄りすぎると、当事者の生活にとっての価値が生みだせない場合もあります。そこで、プロジェクトが始まる前に、どのような価値を社会に生みだしたいのか、そのためにどのような関係者とともに進めるプロジェクトになりそうなのかについて仮置きし、その後のプロジェクトのプロセスの設計材料を整理します。

①バリュートライアングル――三者の視点から考える

一般的に製品やサービスの提供に関わるプレイヤーは、三つのグループに分けることができます。提供されるサービスを利用する当事者、そのサービスを運営するスタッフ、そのサービスの事業責任者、この三者です。一つ目の当事者のグループは、学校や教育サービスであれば生徒やその親、介護サービスであれば高齢者やその家族などです。二つ目の現場スタッフは、学校の先生や介護サービス事業の従業員です。そして三つ目の事業責任者とは、学校の校長や介護サービス事業者の経営者や自治体の首長になります。リビングラボで生みだした製品・サービスが、円滑に開発され、提供され、使われ続けるためには、上の三者すべてに対して価値が感じられている状況にする必要があります。

こうした、三つのグループの視点を想像するのに役立つのが、「バリュートライアングル」です。当事者、スタッフ、事業責任者の三者の視点から考えるための手法です。三者が共有できるビジョンを見出し、その実現によってそれぞれがどういう価値を得られるのかを整理します。

三角形のそれぞれに、当事者（ユーザ、市

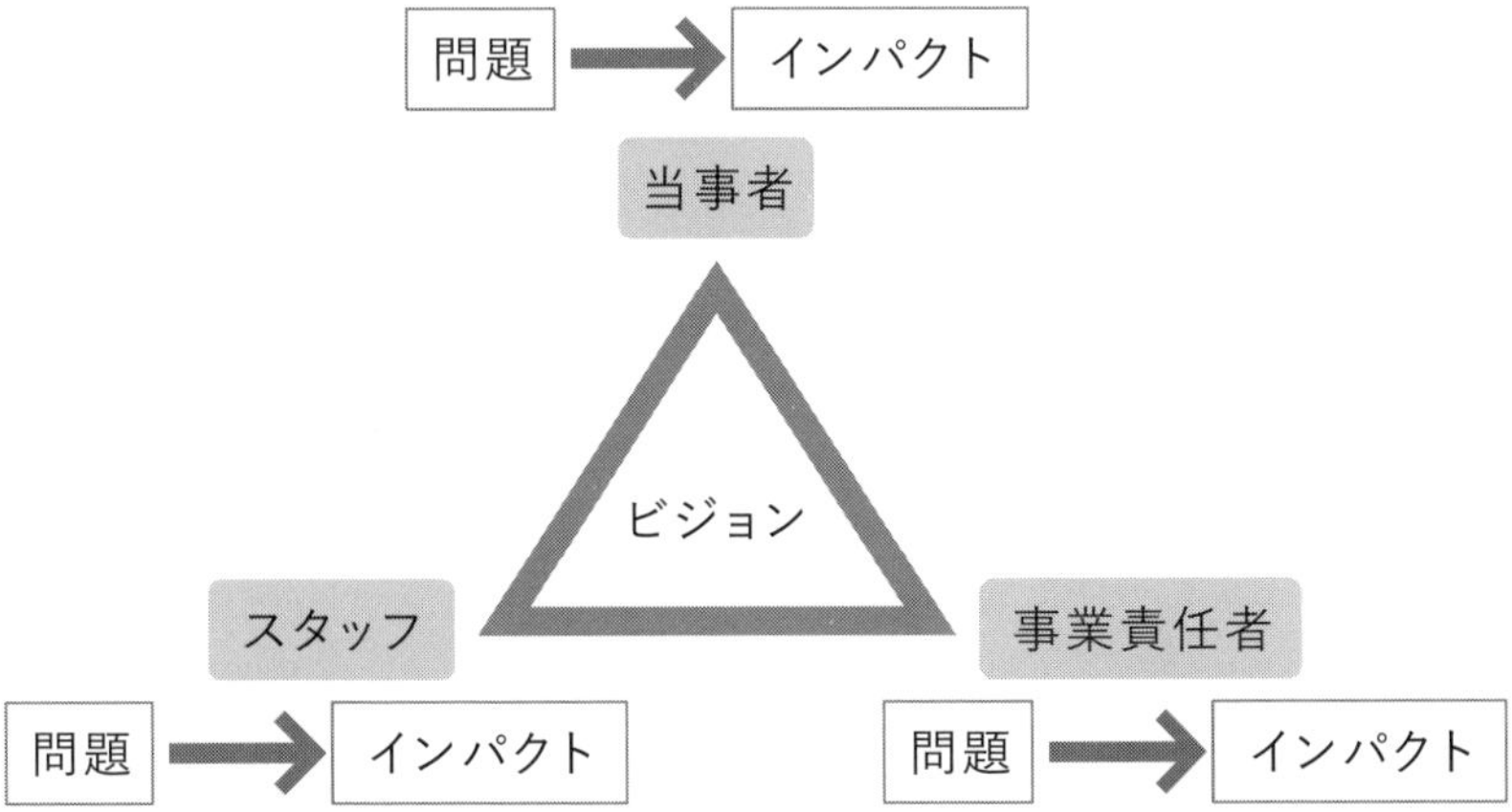

図表５－１　バリュートライアングルの３者

民）、スタッフ（従業員、現場スタッフ）、事業責任者（企業・自治体の意思決定者）を配置して、真ん中にビジョンを書きます。当事者、スタッフ、事業責任者の位置には、それぞれの現状の問題を書き、そのうえで、ビジョンを実現したときのインパクト（効果）を書きます。

三者の視点を検討する際には、以下のポイントを意識します。

・**当事者の視点**――日々の暮らしで当事者が経験している問題が、サービスが提供されることで、改善されるか。行動が変わり、暮らしが良くなるか。当事者が変えたいと願う体験にアプローチできているか。変化に伴う負担はどうか。当事者の振る舞いを規定している構造的な問題は何か。こういった問題を把握する必要があります。

・**スタッフの視点**――スタッフが、新しいサービスの提供に対してポジティブに感じているか。価値を感じていれば、スタッフは積極的に関わり、新しいサービスは成果を生みだし始めるでしょう。ですので、スタッフのトライアルにおける物理的負荷や新しいサービスへの変化に伴う心理的負担、取り組む際のモチベーションは何なのかを明らかにします。

・**事業責任者の視点**――事業責任者は、新しいサービスによって事業の目的が達成されることにコミットしている人です。組織のミッションとも紐づけながら、どのように価値を実現できるかを模索します。時間やスタッフ、資金など、事業責任者は、どの程度のトライアルができるのかを、当事者やスタッフの状況を踏まえながら、検討します。

②リソースマトリックス――事業責任者の投資対効果を考える

バリュートライアングルのオプションとして、事業責任者が投資対効果を検討するための手法として、時間、人、金を事業の観点から整理するリソースマトリックスがあります。事業責任者としては、リビングラボのプロジェクトのリソースに対して、投資対効果を見る必要がありますが、それだけでなく、その後、製品やサービスを運用する時点での投資対効果も見る必要があります。

そこで、マトリックスの縦軸には、リビングラボについてと社会実装された時点についてを並べます。そして、横軸には、そこに費やされるリソースとして、時間（実施する期間）、スタッフ（関わる人員）、資金（投資する予算）を並べます。事業責任者は、このリソースマトリックスと前述したバリュートライアングル、自組織の戦略を踏まえながら、プロジェク

	時間 （実施する期間）	人 （関わる現場スタッフ）	金 （投資する予算）
リビングラボ プロジェクト			
社会実装 プロジェクト			

図表５－２　リソースマトリックス

トに対して投資できるリソースを検討します。

（２）対話・相互理解のための手法

サービスや政策を考える際に、なぜ対話や相互理解が必要なのでしょうか。一般的にサービスや政策のプロセスは、問題や課題の把握からスタートします。ここで躓くと、プロジェクトの意味は大きく損なわれてしまいます。[3] ですので、ユーザや市民に使われる製品やサービス、政策をめざすのならば、課題の設定が非常に重要になります。より本質的な課題を設定するために必要なのが、「当事者の目線で見ること」と、「自分自身の内発的動機を探ること」です。

ユーザや市民に対して、「当事者の目線で見ること」は、ごくあたりまえのことに聞こえますが、言うは易し、行うは難しです。プロジェクトのために対象を観察しよう、と意気込んでしまうと、目的に沿った先入観で相手を部分的に捉えて見てしまいます。いったん、サービスや政策をつくる立場を忘れて、自分自身や家族、友人のことのように対等な相手として考えて、その人の暮らし方や人生を統合的に見る目線が必要です。サービスや政策を利用する人が、自分と同じ生活者であるというマインドセットが、本質的な課題を設定する前提として大事なことなのです。

また、自分自身の内発的動機を探ることは、イノベーションを生みだすアントレプレナーシップの文脈で重要視されているポイントと重なります。新しい問題や課題を設定するとき、必ずしも周りの賛同を得られるわけではありません。多くの場合は、反対にあったり、変化に対する抵抗にあったりします。実際に問題が起きている現場に行って、課題と向き合う経験や、当事者や関係者と対話する過程を経て、熱量や確信を高めることが必要なのです。そうした経験を経た言葉は、多くのプロジェクトメンバーや関係者を動かす力にもなっていくでしょう。

では、そのような対話や相互理解はどのようにすれば進むのでしょうか。対話（ダイアローグ）という言葉は、今では広く使われる言葉ですが、ダイアローグの概念を提案した物理学者デヴィッド・ボームによれば、それは議論やディベートとは異なります[4]。議論やディベートが何かの目的を達成したり、決定を下すことに主眼が置かれているのに対して、対話は、ただ探究することや学ぶことが重要とされ、その結果として、自由な空間や創造的な営みが生まれるとされます。

最初から企業や自治体の思惑や、課題設定が持ち込まれていると、本来的な意味で当事者の暮らしの価値を考えるプロセスが歪められてしまいます。そこで、リビングラボでは、いったん、それぞれの関係者が持っている役割や制約を保留して、フェアな関係で対話をすることが大事にされます。

そうした時に役立つ手法として、「哲学対話」、「リッチピクチャー」があります。

③ 哲学対話――安心して話せる

「哲学対話」は、１９６０年代に米国で始まった「子供のための哲学（Philosophy for Children）」に由来する手法です。哲学という名前がついていますが、難しい哲学者の思想について話し合うのではなく、あるテーマについて、参加した人たちが車座になって、互いに考えて対話するというものです。ゆったりと考え、浮かんできた内容を言葉で表現するのは貴重な体験です。対話を具体的に進めるための手法として参考になります。

哲学対話の実践者である梶谷真司さんは、もともと米国で設定されていた基本的なルールに加え、ファシリテーターが上手く進めるための配慮も踏まえて、次のような八つのルールを設定しています。

1　何を言ってもいい。
2　人の言うことに対して否定的な態度をとらない。
3　発言せず、ただ聞いているだけでもいい。
4　お互いに問いかけるようにする。
5　知識ではなく、自分の経験にそくして話す。
6　話がまとまらなくてもいい。
7　意見が変わってもいい。
8　分からなくなってもいい。

（梶谷真司『考えるとはどういうことか』幻冬舎新書、２０１８年）

どのルールも目的を重視する議論やディベートでは注目されにくいルールではないでしょうか。会議室で「何を言ってもいいので、自由に問題を挙げてください」と言われても、その会議の目的や他人との関係性、その場の空気に縛られて、安心して自由な発言をすることは難しいです。梶谷さんは、普段の生活で「何を言ってもいい」と許容される場がないことを指摘しています。日本の社会にある村社会的な「空気」が、自由な思考と発言を妨げ、安心して考えたり、話すことが難しい環境をつくっているのです。先ほどの八つのルールは、そうした力から私たちを開放し、自由に考え、対話する力を与えてくれます。

④リッチピクチャー――状況を掴む

哲学対話は言葉によって対話を行う手法ですが、一方で、言葉だけでは表現しづらい内容や場面があります。たとえば、もやもやとした感覚は絵の方が表現しやすいときもあります。こういう場合に、関係者が共有している状況を掴むための手法として、「リッチピクチャー」[5]があります。

絵は、人間関係やものごとのつながりを理解するのに有効であり、とくに、状況が複雑であったり、不明確なときに、豊か（リッチ）にその状況を表現する（ピクチャー）ことができるのです。また、言語で整理される前段階の、漠然と頭に描いている内容を表現することで、参加者の関心事項を掴むこともできます。

個人で描いても、チームで描いてもよいですが、誰かが絵を描いているときは、そこに注目して話しながら描くのがお薦めです。なぜなら、視覚的な表現は他の参加者にも刺激を与え、グループで表現することを加速させるからです。絵の上手さは気にせずに思いついたがままに描くのがポイントです。

リッチピクチャーの手順は以下の通りです。目安としては五人、一時間で実施します。まず、大きな模造紙を準備します。広いテーブルや地面に置き、その周りをみんなで囲みます。参加者それぞれが異なる色のペンを持ちます。最初に、テーマやその

図表５－３　Flomella S. Alilio-Caguicla によるリッチピクチャーの事例
（出典：MSP Guide HP[6]）

状況を象徴する絵を中央に描き、その後は、テーマに関連するステイクホルダーを列挙してみましょう。ステイクホルダーはテーマや状況に対してどのように関係しているでしょうか。また、ステイクホルダー間の関係についても描いていきます。絵だけでなく、言葉で補ってもいいでしょう。その状況にまつわる、背景や原因、結果また、主観的な情報も含むようにしましょう。絵を描いているときは、解説をしながら描くとより良いでしょう。最後に、みんなで書いたリッチピクチャー全体をつうじて、参加者の中で関心の高い五つのトピックを選び、書き留めておきます。先ほどの哲学対話のルールも踏まえて行うと、より効果的でしょう。

(3)課題設定のための手法

ここでは、前のプロセスで見出されたトピックを起点にして、このプロジェクトとして取り組む課題を決定します。その時に留意すべきことは、「誰がどんなレベルの課題を設定するか」ということです。課題とは、現状に対して理想の目標を設定したとき、そのギャップである問題を解決するために具体的に取り組むことを指します。ですので、テーマに関する状況の分析に加えて、リソースを投じる主体がこのプロジェクトをつうじて何を実現したいのかを整理したうえで、課題を設定します。

課題設定に向けてテーマに関する状況を分析する手法として、当事者の状況を深堀りする「半構造化インタビュー」、当事者の無意識を捉える「行動観察」、当事者を取り巻く社会的状況を捉える「因果的階層分析」を紹介します。

⑤半構造化インタビュー――当事者に深堀りする

インタビューは直接的に当事者が感じていることを確認する手法です。その中でも、大きなテーマは決まっているが、そのテーマに関する当事者の経験を深堀りしたい場合は、「半構造化インタビュー」を用います。半構造化という名前からわかるように、あらかじめ大枠の質問項目（インタビューの構造）を決めておくのですが、回答内容に応じてその場でさらに掘り下げた質問を追加していく手法になります。

質問項目への回答に対して、深く掘り下げるときには、「なぜ」と問い返します。たとえば、「子育てで困っていることはありますか？」という大枠の質問項目に対して「保育園とのコミュニケーションが上手くいっていません」という回答があったとします。その時、どういう点が上手くいっていないのか、なぜ上手くいっていないと感じるのか、具体的なエピソードは何か、などと掘り下げていきます。すると、相手は振り返りながら、より具体的な回答や当初の質問項目では語られなかったエピソードを共有してくれるでしょう。

⑥行動観察――無意識を捉える

「行動観察」は、対象となる当事者の振る舞いを眺める手法です。インタビューに加えて、その相手の行動を観察することが、事象を捉えるためには有効です。なぜなら、インタビューで引き出される相手（被観察者）の主観的な発言は、当てにならないこともあるからです。サービスや製品を使うユーザは、実際にどのように振る舞っているかを客観的に把握していません。ですので、行動観察によって、ユーザの振る舞いを調べ、ニーズを特定することに加えて、不満や不安、製品の誤った使用や予期せぬ使用、ユーザの社会的・個人的環境との相互作用など、インタビューでは表出されないニーズを特定します。現場の状況を、レコーダーやビデオカメラなどで記録し、後ほど時間をかけて解釈の作業を行います。

ただし注意すべき点は、当事者の暮らしを構造的に把握するためには、長期間にわたる参与期間を必要とするため、プライバシーや倫理的な課題により踏み込んだ観察には困難が伴います。そのため、長期間の調査が難しいビジネス開発のプロジェクトでは、比較的短期間の行動観察が活用されることが多いです。

⑦因果的階層分析——取り巻く環境を分析する

因果的階層分析は、表面的な問題の原因となっている構造を分析し、その構造の根本をなしている価値観（理念・信念）を明らかにする手法です。インタビューや行動観察で得た情報は、短期的な因果関係のヒントを得ることにとどまりがちです。それを乗り越えるために、当事者の発言や振る舞いを生みだす土台となっている社会システムの構造を理解することで、中長期的な因果関係を掴み、根本的な問題を見出すことができます。

そうした社会システムの構造を分析するために、行政の「政策」が一つの手がかりとなります。具体的には、暮らしの現場で実感する表層的な問題を定めるところから始めます。そして、その問題にまつわる政策的経緯を調査分析し、政策がどのような目的・理念で立案されたのかを掴みます。政策的経緯を知るためには、法令の文書だけでなく、それを解説した逐条解説書、あるいは、立案過程における政策課題の研究調査報告書や、審議会などの会議資料などが参考になります。その後、現状の政策が生みだしている社会システムのエラーを捉え、そのエラーを乗り越えようとする研究者の論文や実践者との対話から、新たな社会システムの目的・理念を見いだします。その分野に精通した研究者の論文は、現状の政策を批判的に捉え、体系的な問題の整理や課題提起がされています。また、エラーを乗り越えようとする実践者の実践には、現場で実感するエラー（問題）を本質的に乗り越える理念が潜んでいます。

このアプローチが前提とするのは、社会における問題が台風や津波のような偶然による「自然現象」として発生したのではなく、自分たちがこの社会で過去につくった「政策」（社会システムの主要な構成要素）が、今の時代に合わなくなり、その結果としてシステムエラー（問題）が生じているという考え方です。だからこそ「政策」を分析することで、自分たちが社会を変えるための手がかりを得ることができるのです。[7]

（４）アイデア創出のための手法

プロジェクトの課題が設定できたら、アイデア創出に取り組みます。このプロセスに使える手法として、多様で幅広いアイデアを出すための「二段階ブレスト」、気づきやアイデアを統合しながらコンセプトを探る「ＫＪ法」、表現することに慣れていない人を支援する「Generative Tool Kit」を紹介します。

⑧二段階ブレスト――アイデアと実現可能性を分けて考える

アイデアを出すブレインストーミング（ブレスト）のときによく起こるのが、実現性の高いアイデアを出さなければならないと思いこみ、創造的なアイデアがでないことです。このプロセスで大事なことは、実現手段に縛られず、当事者や社会にとっての価値を幅広く考えることです。なぜかと言うと、実現性の高いアイデアが、適切なアイデアなのかを事前に判断することは難しいからです。もし、正しい答えが簡単にわかる問題ならば、わざわざリビングラボのような取り組みをする必要はありません。複雑な問題、やってみないとわからない問題、あるいは、課題設定が間違っているかもしれないプロジェクトに取り組んでいることを意識しましょう。そう考えると、正しいアイデアを一つだけ見つけようとするよりも、まずは実現可能性を忘れてアイデアの可能性を幅広く考えることができます。

そのための手法として、創造的思考について長年研究と実践を行っている石井力重は「二段階ブレスト」という手法を提案しています。名前の通り、二段階に分けて、まずは創造的な価値だけを考え、その後に、実現手段を考えるブレストになります。

まず、①課題に対して10分間アイデアを考えます。その時、実現手段を問わないのがポイントです。よくブレストをしていると、「どうやって利益を出すんですか？」「実現できるんですか？」という質問がでてきて、アイデアを出した人を消沈させることがありますが、このステップではあえてそれを行わないということです。新規性や有用性などを重視して、創造的なもの、価値があるものを考えます。②その後、3分間で、価値があるものを三個程度選びます。プロジェクトの意思決定権を持っているオーナーがいるならその人が選びましょう。あるいは、当事者がいるならばその人が選んだものを、プロジェクトオーナーが引き受けるのもよいでしょう。そして、選んだ三個のアイデアに対して実現手段を考えます。

この手法の良いところは、未熟な案がでても批判されないルールを設けることで、多様な意見を言うことや受け止めることに慣れていない人たちが集まった場合でも、アイデアが出しやすい雰囲気をつくれる点です。また、実現手段を含めたアイデア出しになると、一部の人しか発言しづらい状況になりがちです。しかし、当事者の価値について考える状況をつくると、専門性がないすべての人たちが自分たちの経験に基づいて発言することができます。

⑨ ＫＪ法――統合しながらコンセプトを探る

ブレストで多様なアイデアがでてきたあとに、そこからどのようなコンセプト（サービス企画や解決策の構想）を生みだせばいいのでしょうか。文化人類学者である川喜田二郎は、ブレストのあとに必要な技術は「異質のデータを統合する方法」だと述べています。それは当事者やその暮らしの現場で得られた、一回しか起こらなかった現象や、それを踏まえた気づきなどを、物語として統合してコンセプトにしていくやり方です。川喜田は、これを推理小説の探偵のやり方のようである、と喩えています。ＫＪ法は、いくつかの要素を単純な言葉でまとめる分類の手法として理解されていることが多いですが、もともとの趣旨は、探偵のように、ブレストででたたくさんの付箋から一見異質なものに関係性を見つけて統合する手法なのです。

以下に、具体的な手順を見ていきましょう。まず、ブレストででたアイデアを複数の付箋に書き出していきます。この時のポイントは、発言そのものではなく、そこで言わんとしたエッセンス（意味的な内容）を短い文章で書くことです。

次に、それらのカードの関係性を見つけて統合していきます。意味的な近さや類似性があるものを近づけます。そして、その中から数枚の付箋を近づけたならば、近づけた理由を、色違いの付箋に書きます。この付箋が一つのまとまりのある付箋グループの表札になります。

さらに、表札の関係性を図解します。単純な棒線や、方向性がある場合は矢印、また、双方向に影響を与える場合は両矢印などで表現します。このプロセスで、付箋や表札の因果関係や相関関係、対立関係などについて議論を深めます。

最後に、議論した内容を踏まえて、文章にします。事実とそこから得られた解釈は区別して書いてみましょう。解決策の構想や具体的なヒントが得られることがゴールになります。

⑩ Generative Tool Kit――多様な人の参加を促す

Generative Tool Kitは、アイデアの検討を当事者と一緒に行うためのツールです。マジックテープでくっ付けることができるさまざまなかたちの物質が用意され、レゴを組み立てるような感覚で、アイデアをカタチにします。表現することに慣れていない人とでも、一緒にアイデアの検討ができるツールです。[8]

プロジェクトをリードする人の役割は、価値を生みだすことそのものだけではなく、当事者や他の関係者など、現場の状況に関わるすべての人が、自分たちの経験や実感に基づいて意見を表明できる場をつくることです。そうした際に、当事者誰もが意見を伝えることを支えるツールとして、Generative Tool Kitは開発されています。[9]

（5）プロトタイピングのための手法

プロトタイピングは、アイデアをカタチにするためにつくります。このプロセスで大事なことは「やってみる」ためにつくるということです。トライアルアンドエラーという言葉がありますが、あえて言うならばプロトタイプは「失敗してみる」ためにつくるものです。つくって失敗するという経験が、なぜ上手くいかないのかを学ぶきっかけになり、改善点を考えることにつながるからです。

ここでは、価値を検証するために、手軽に疑似体験する「コンテクスチュアル（文脈的）プロトタイプ」、主観的に体験する「エクスペリエンス（体験的）プロトタイプ」、そして、機能を検証する「ファンクショナル（機能的）プロトタイプ」について紹介します。

⑪コンテクスチュアルプロトタイプ――手軽に疑似体験する

プロトタイプの種類の中で一番手軽に失敗して、早く学びを得ることができるのが、「コンテクスチュアル（文脈的）プロトタイプ」です。たとえば、ペンと紙を使って「4コマスケッチ」を書くだけでも実施できます。具体的に機能するプログラムを組んだり、視覚的に確認できるものを粘土でつくったりすることは、より正確に体験を検証するためには効果的ですが、紙の上に書いてしまう方が時間もお金もかかりません。アイデア創出のプロセスで考えた解決策を、起承転結の４コマのストーリーに落とし込んでみましょう。サービスがどのような体験なのか、ユーザに短時間で共有することができます。そこで、どんな状況なのか（現状やその場における問題）、どんな解決策が提供されるのか（提供価値）、どのような手段で解決されるのか（具体的な手段や仕組み）、どんな状況になるのか（ユーザに対する効果や結果）の四つの段階に分けてストーリーを書きます[10]。

体験をユーザにより直観的に感じてもらう手法として、映像を用いた「ムービープロトタイプ」があります。考え方は、４コマスケッチと同じですが、映像を撮影したり、アニメーション映像でつくります。映像を撮影するというとハードルが高く感じる人もいるかもしれませんが、スマホと段ボール紙やペンだけで、簡単にムービープロトタイプをつくることもできます。一つの例を紹介します。

ｉＰｈｏｎｅの画面フレームの中に、立っている人がいます。その画面をタップすると人の踊りが変わる様子がわかります。しかし、動画の後半に種明かしがあります。実はｉＰｈｏｎｅの画面のフレームだと思ったのは、段ボールでつくられた張りぼてで、その向こう側に人が立っていて、タップの動作に合わせて動きを変えていただけでした。このプロトタイプは、IDEO Play Labというデザイン思考を提唱したＩＤＥＯのチームがつくったもので、ｉＰｈｏｎｅの画面フレームを印刷した紙と、貼り付け台となる段ボールだけが材料です。そして、動画撮影は30分程度で終えたそうです。

図表5－4「Prototyping for Elmo's Monster Maker iPhone App」より[11]

⑫ エクスペリエンスプロトタイプ――主観的に体験する

先ほどのプロトタイプが、４コマスケッチや映像を見て、ユーザが客観的に体験をするものだったのに対して、ユーザ自身が何かを操作に関わり、主観的に体験をするプロトタイプがあります。しかし、体験すると言っても、製品やサービスそのものをつくっていては時間がかかりすぎます。そこで、疑似的に製品やサービスを使っているような体験を提供することになります。たとえば、ユーザの顔を認識するサービスだった場合、顔を認識する機能は実装できていなくても、裏でシステムの代わりに人が認識したこととして動かします。

このようなプロトタイプの一つが、スマホアプリやウェブサービスの画面を紙に書いて操作手順に問題がないかを確認する「ペーパープロトタイプ」です。紙とペンだけででき、ユーザに見てもらうのも簡単なため、よく用いられます。画面のレイアウトをざっくりと書いて、その中でタイトルや画像、アイコン、ボタンなどの要素を書いていきます。これを複数枚準備することで、画面が遷移した状態を準備しておくことができます。テストの際に、ユーザがトップページのカメラのアイコンを押したら、次の遷移画面であるカメラの画面の紙に差し替えるという具合です。

また、ペーパープロトタイプの需要が増えてきたことにつれて、それを支援するアプリが生まれてきました[12]。手書きの画面レイアウトなどを書いておいて、アプリで撮影すると、アプリ上で簡単な画面の遷移を設計できます。これまで手動で行っていたことをツール上で自動化してくれるので、テストユーザにとっては、より主観的な体験をすることができ、開発者としても最終製品に近いフィードバックを得ることができます。

⑬ファンクショナルプロトタイプ――機能を検証する

体験の価値が検証できたあとは、どのような形状や技術でその体験を実現するのかが次のテーマです。ここまでの4コマスケッチやペーパープロトタイプでも、部分的に外観や機能についての知見は得られているでしょうが、体験の実現度合い（忠実度）は低い状況でした。ここでは体験の検証ができたことを踏まえ、もう少し時間やお金をかけて、実現度合いの高いプロトタイプをつくって評価します。

実現度合いの一つの観点は外観です。形状だけを確認する場合は、動かないので、コールド・モックアップと呼ばれることもあります。想定した外観や寸法でプロトタイプをつくり、ユーザが実際に手にしたときにどのような体験になるのか、ユーザが利用する文脈や空間においてその外観や寸法は適しているのか、などを検証します。発泡スチロールを用いてヒト型ロボットの形状を削りだす場合や、粘土模型で車の原寸大の模型をつくる場合があります。スマホやウェブサービスの場合は、遷移画面のデザインなども該当します。

もう一つの実現度合いの観点は機能です。実際に採用する技術も実装して動く試作品をつくるので、ホット・モックアップとも呼ばれます。製品やサービスに必要な機能を搭載して、実際に動くかどうかを確認しなければなりません。カメラなどのハードウェアを組み込み、それらを動かすプログラムも組んで、動作できる状況をつくります。そのうえで、想定する動きをしているか、使用時に支障はないかなどのテストを行います。また、速度はどうか、必要に応じて、精度や騒音レベルなどについても評価します。機能や体験として問題があれば設計を見直すところに戻りましょう。

（６）実験的テストのための手法

プロトタイプができたら、実際に当事者に試してもらいます。実生活の環境で試す前に、実験的な環境で、早く安くテストを行います。ここでは、プロトタイプの使いやすさを検証する「ユーザビリティテスト」と、プロトタイプ体験時の主観的な気づき（生の声）を知るための「思考発話法」を紹介します。

⑭ユーザビリティテスト――当事者が使うシーンで学びを得る

ユーザビリティとは使いやすさを意味する言葉です。「ユーザビリティテスト」では、ユーザが目標を達成できるか（効果）、ユーザが迷いなく、一番効率よい手順で操作できるか（効率）、ユーザに不快な体験をさせていないか（満足度）の三つの観点でテストを行います。プロトタイプをつくる開発者は、考える限り良いモノをつくろうとするわけですが、開発者が考える使いやすさ・使い方と、実際にユーザが考える使いやすさ・使い方は異なることが多いです。この手法を用いてそれを明らかにして、改善や課題の再設定に向けた学びを得ます。

まず最初に、テストをする際の目標を定めます。どのようなユーザに、どのような場面で、どのような機能を、どのように使ってほしいかを決めます。次に、そのユーザに、どのような環境で、どのようなタスクを実施してもらうかを決めます。ここまでがテストの設計です。そして、次は、テストに協力してくれる人たちを集めます。集まった人たちにテストの趣旨を説明し、実際にプロトタイプを使ってもらいます。その過程での発話や行動を記録し、分析して、フィードバックを得ます。記録の観点としては、タスクが自力達成できたか（効果）、つまずいた・戸惑った箇所はどこか（効率）、操作後のユーザの主観評価はどうだったか（満足度）になります。

⑮ 思考発話法――当事者の声から学びを得る

ユーザビリティテストにおける学びをもう一段深めるための手法として、「思考発話法」があります。課題を達成する間に頭に浮かんだことをすべて、声に出して語る認知科学の手法であり、[13] 客観的に外から観察するだけではわからない、プロトタイプ体験時のユーザの主観的な声を知ることができます。

ユーザビリティテストと同じく、事前の準備が必要です。「思考発話法」は、主観的な声を知ることが特徴ですので、事前に準備したタスクごとに、どのようなことを考えるのか、発話するのかの想定を記載しておきます。次に実際に、ユーザにタスクに取り組んでもらい、そのタスク中、考えたことを発話してもらいます。そして、そこでユーザが発話したほぼすべての内容を記録するようにします。こちらもユーザビリティテスト同様、記録の観点としては、タスクが自力達成できたか（効果）、つまずいた・戸惑った箇所はどこか（効率）、操作後のユーザの主観評価はどうだったか（満足度）になります。主観的な体験の中でユーザが得ている違和感が、この手法で得たい知見になるため、意識した発話よりも、無意識的にでた言葉や「え？」「お〜」などの感嘆詞、さらには発話に加えて表情なども記録しておくことも有効です。

ユーザにとっては慣れないと難しい手法ですが、ユーザの行動や振る舞いの裏側にある「なぜ」の部分を話してもらうことになるため、通常のユーザビリティテストだけでは見えてこない情報を得ることができます。また、ユーザが目の前で「生の声」を発してくれるため、ユーザの行動を勝手に推測していた開発者にとっては、心理的な影響が大きく、この後の製品・サービス改善を加速させる効果もあります。

（7）社会実装テストのための手法

実験的な環境でのテストが上手くいったら、いよいよ実生活の環境でのテストに入ります。生活の場で長期間行うので、ユーザにとっては実験的テストよりストレスが大きく、関心が持続しづらいテストになります。そこで、テストをしてくれる対象者を段階的に分けて検証を進めます。

まずは、取り組もうとする新しいサービスや仕組みに対して自分たちの体験や意見が影響力を持つことを理解したうえで、自然な態度で関わってくれる「信頼できるユーザ」にテストをしてもらいます。一方的にサービスを享受するだけのユーザでもなければ、専門的な知見によるたしかな意見を持っているプロでもない人たちです。初期段階では、十分にプロトタイプが洗練されていないため、否定的な意見を出すユーザがテストをすると、細かい指摘ばかりで、価値の実現に向けたブラッシュアップになりません。しかし、「信頼できるユーザ」であれば、新しい価値を生みだそうとしているプロジェクトをポジティブに捉え、ユーザの立場から大局的なフィードバックを与えてくれます。

そして「信頼できるユーザ」からの学びをプロトタイプやテストの設計・オペレーションに反映させたあとで、「一般的なユーザ」にテストをしてもらいます。一般的なユーザがプロトタイプを使い始め、それをどのように使い続けるのか、使うのを辞めてしまうのか、数週間かけて検証します。数週間の期間を必要とする理由は、ユーザにとってプロトタイプの存在自体が新鮮な場合、その新鮮さに対するフィードバックを得ることになってしまうからです。いったん、新鮮さが薄れる程度使い慣れてもらい、プロトタイプがありふれた日常の道具になったタイミングでフィードバックを得ることが、テストとして重要になります。

ここでは、当事者の日々の生活から学びを得る「ダイアリー法」と、技術、運営組織、経済性、ユーザに関する項目の四つの観点から包括的なテクノロジーの評価を行う「包括的評価ツール」を紹介します。

⑯ダイアリー法——当事者の日々の生活から学びを得る

この手法は、ユーザの日々の生活の中で長期にわたってデータ収集するために使用されます。ユーザに日記（ダイアリー）をつけてもらうことが基本的な調査の進め方です。日記だけでなく写真や動画でプロトタイプ利用時の状況を撮影してもらうこともあります。期間はプロジェクトによりますが、リビングラボの社会実装テストでは、数週間程度が目安になります。定められた期間中、ユーザは日記をつけ、プロトタイプの利用に関する具体的な情報を記録します。ユーザが記録を忘れないようにするために、電話やメールなどでリマインドを送ることもあります。また、日常での調査期間後に、ユーザから提供されたすべての情報を分析します。その一環として、日記の内容について詳しく話し合うためのインタビューを実施します。プロトタイプが実生活の環境の中で機能したのか、想定した体験にならなかった理由は何なのかを明らかにします。

「ダイアリー法」を使って確認できるのは次のような内容になります。一つは、ユーザの習慣です。プロトタイプを暮らしに持ち込んだときに、一日のうちどの時間帯に使用するのか、食事や風呂、就寝などのタイミングとの兼ね合いはどうなるのか、などが調査されます。また、動機などの感情面の確認ができます。ユーザがプロトタイプを使って特定のタスクを実行する動機は何か。その時ユーザはどのように感じ、考えているのか。さらに、ユーザの行動や認識の変化を確認することができます。プロトタイプはどのように学習されていくのか。何のきっかけがあったときにユーザの認識が大きく変化するのか、などを捉えます。

ユーザ自身が日記で記録する方法の他に、プロトタイプ側でユーザの操作を記録することもあります。これらの記録データは、調査期間後のインタビューの際に、利用体験時の記憶や感情を思い出してもらうためにも役立ちます。

⑰ 包括的評価ツール——三方良しを検証する

北欧のリビングラボでテクノロジーを包括的に評価するツールとして、ノルウェー工科大学によって開発された「包括的評価ツール」（ＶＴＶ）が活用されています。

リビングラボでこの手法が使われる理由は、技術を導入する際、ユーザの生活の質の向上だけでなく、それを支える現場スタッフの運営が効率的・効果的になることがめざされるからです。たとえば、介護サービスを受けるユーザの生活が良くなったとしても、それを運営するスタッフが疲弊し、辞めてしまったら、ユーザは恩恵を受け続けることができません。また、ユーザと運営スタッフにとっては良くても、技術を導入・運用するコストが高すぎて、経営難になり、介護サービスが継続して提供できなくなったら、元も子もありません。つまり、評価においては、技術を評価するだけでなく、ユーザの視点、現場の運営組織の視点、経営的な経済性の視点で評価することが必要なのです。それによって、技術の導入が、現場課題の解決にどう活用され、また、どのようなリソース（ヒト・モノ・カネ）が必要となり、どのくらいのメリットが生まれるのかを可視化できます。つまり、包括的評価ツールは、現場関係者と企業経営者の両者にとっての包括的な評価の手段になるのです。

このツールでは、ユーザ、運営組織、技術、経済性に関する項目の四つのカテゴリーで構成されます。

・**ユーザに関する項目**――ユーザにとっての価値そのものや、実際にユーザの環境に導入できるかやユーザが操作できるかなどの実用性について評価をします
・**運営組織に関する項目**――現場で作業をするスタッフの視点と、現場を経営するマネジメントの視点で評価をします。日本では現場スタッフ視点での事前評価が抜けがちで、その結果、技術の実装を始めたあとにスタッフが思うように動いてくれないという問題に陥ります。それを回避するために、たとえば「その技術を使うモチベーションはありますか？」という質問などをスタッフに投げかけます。
・**技術に関する項目**――ユーザインターフェイスも含めた技術の機能と効果に焦点が当てられ、ユーザが自然に使い方を理解できるかなどの使いやすさを評価します

・**経済性に関する項目**——初期的な投資の時点と、運用継続の時点とで、費用対効果を評価します。ハードの投資に限らず、導入のプロセスやその後の支援人材育成なども含めたソフトの投資についても可視化します。

この章の具体的な手法を交えた説明をつうじて、リビングラボを実践する状況に応じて、どのような活動が行われるのかのイメージを持ってもらえたのではないかと思います。ここで紹介した手法は、リビングラボを行うにあたって、これを使わなければいけないというものでは、決してありませんので、みなさんがリビングラボをするにあたって、最適の手法を見つけるヒントになればと思っています。

第6章 リビングラボの歴史的背景

1 近代科学の専門化

前章で紹介したリビングラボの手法は、いわばスキルセットと呼ばれるものです。そこには、さまざまな研究や実践の知の積み重ねがあります。ですが、スキルセットを覚えて使うだけでは、形式的な活用にとどまりがちです。それぞれの手法の裏にある背景や思想を掴むことで、どのようなマインドセットをもって活用すべきかがわかり、より本質的に手法が意図する効果を生みだすことができます。

一方で、リビングラボはその成立の背景や活用される分野が多様なため、「リビングラボとは何か」を一言で定義するのは困難です。[1] それでも、歴史的背景や源流をさかのぼることで、いくつかの特徴を見出し、その本質に触れることができます。本章では、リビングラボを歴史の軸で捉えなおし、どのような思想が根底にあったのかについて見ていきます。

リビングラボは、「マルチステイクホルダーによる共創を促進する方法論」と繰り返し説明してきました。では、産官学民の異なるセクターによる共創が切実に叫ばれるのにはどういう背景があるのでしょうか。少し遠回りになりますが、これを考えるには、科学や技術とわれわれの暮らしの関係をさかのぼる必要があります。

現在の科学に直接つながるような研究活動が始まったのは、17世紀のヨーロッパにおける科学革命期だと言われています。当時の科学は、現在のように専門家が職業として取り組んでいたものではありませんでした。たとえば、万有引力の法則などで有名なアイザック・ニュートンは大学の教授でしたが、現在われわれがイメージする科学者ではなく、自然を対象とする哲学者として研究を営んでいました。また、多くの人は別の職業を持ちながら、余暇活動として科学の研究を行っていました。たとえば、微分積分の発見でニュートンと競ったゴットフリート・ライプニッツは図書館を所管する官僚でした。海王星の衛星を発見したウィリアム・ラッセルは醸造所の経営者でした。同時期の日本でも、有名な和算家である関孝和は甲府藩士でしたし、日本初の天文学者と呼ばれる渋川春海は将軍の御前で囲碁を披露する碁方として幕府に仕えていました。このようなアマチュアによる活動が大勢だった時代は、暮らしに近いところで科学が行われていました。つまり、科学革命以前は、科学者の活動は暮らしの中に息づいていたのです。

しかし、科学の効果や利用価値が大きくなるにつれ、徐々に専門の機関が登場するようになります。ロンドンの王立学会（1662年）、パリの科学アカデミー（1666年）、日本ですと渋川による改暦を機に設置された天文方（１６８５年）などです。

技術の歴史はもっと古く、石器時代から狩猟や採集など暮らしの中の道具として活用されてきました。しだいに、定住が進み、農業や商業が盛んになると、モノや道具をつくる技術は、専門的な知識として昇華され、手作業でつくることを生業とする職人が生まれてきます。さらに時代が下ると、そして、産業革命以前は、職人たちが生産活動の中心となり、技術は主に徒弟制度によって伝承されてきたのです。

しかし、18世紀の産業革命を経て、モノの作り方は大きく変貌します。産業革命以前は、作り手と使い手は、近いところにいて、使い手の要望に合わせて、モノが手づくりされていましたが、そこに機械が導入されることにより、作り手と使い手の距離が大きく離れていったのです。

機械の導入は、トーマス・ニューコメンが発明した熱機関（１７０９年）やジェームス・ワットが改良した蒸気機関（１７６４年）により、いっそう、広まっていきました。この生産様式により、職人の技術は標準化され、労働者が機械を用いてモノをつくるようになり、現代のような、大量生産、大量消費、大量廃棄の社会構造ができあがったのです。

それでも、19世紀までは、トーマス・エジソン、グラハム・ベル、ルドルフ・ディーゼルなどをはじめとする天才発明家の個人の営為によるところが大きかったですが、大量生産時代における社会の要請を受けて、19世紀末から工業の専門学校や企業の研究所が創設されるようになり、技術を教育したり、専門に研究開発するシステムが構築されました。

科学と同様に、暮らしの近いところにいる職人の活動によって提供されていた技術が、専門の機関や組織が取り組む対象となっていったのです。

こうして、20世紀に入ると、科学や技術と暮らしの関係はますます遠のいていきます。研究や設計・開発の活動は、組織の中で行われ、実験室や工場など一般の人々の目に触れない場所で行われることが多くなりました。交通、通信、医療、農業など人々の暮らしを便利にする成果を生みだす一方、原子爆弾などの兵器や化学物質による環境汚染など、人々の命や健康を脅かす影響も目立つようになりました。このように、科学や技術の活動が多くの人から見えなくなったことに加えて、それらが悪い結果をもたらしうることが明らかになると、不安や疑問が高まり、反発をする人がでてくることになりました。

たとえば、米国の海洋生物学者レイチェル・カーソンの『沈黙の春』（１９６２年）は、ＤＤＴなどの有機塩素系殺虫剤がもたらす環境破壊を訴え、規制強化や環境保護運動のきっかけになりました。日本でも、物理学者の高木仁三郎が原子力発電の危険性を訴えて、大学を辞職して、電力・原子力産業から独立したシンクタンク「原子力資料情報室」を設立したり（１９７５年）、環境工学者の宇井純が水俣病の原因を追究するなど[2]、科学技術への批判が社会現象になりました。

このように科学や技術が発展するにしたがって、社会は豊かになっていく反面、その中身は専門的になって一般の人々の暮らしから遠ざかっていったのです。そして、ブラックボックス化されていく科学や技術に対して警鐘を鳴らす活動や言説が生まれてきたのです。

2　リビングラボの三つの系譜

リビングラボはそのような社会の大きな動きの中で、１９９０年代の米国で提唱され、その後、大西洋を渡って欧州で発展したコンセプトです。しかしながら、一直線に進化してきたものではなく、いくつかの活動がからまりあって、現在に至っています

そこで、リビングラボという言葉が生まれ確立されていく歴史を、①科学を暮らしに取り戻そうとする「シチズンサイエンス」、ユーザの観察をつうじてものづくりを行う「ユーザ中心設計」、ものづくり・ことづくりに当事者が関与する「参加型デザイン」の三つの系譜をたどることで見ていきましょう。

(1)シチズンサイエンス——暮らしの現場で学びを得る

科学のあり方を問いなおす活動として、１９９０年代から英米圏を中心にシチズンサイエンスが生まれました。シチズンサイエンスとは、市民（アマチュア科学者）が全面的もしくは部分的に参加・関与する科学にまつわる活動です。市民が（時に、専門家と共に）活動を行い、インターネットなどをつうじて成果を発信し、「新しい発見」や「市民の科学理解

の向上」をめざしてきました。

「新しい発見」というのは、実験室や教室に閉じこもった環境ではなく、野外や生活空間などを舞台に学びを得ようとする考え方です。この問題意識は、心理学研究において、実環境で発揮される認知機能は、実験室でのそれとは異なっていることが示されたことから生まれました。[3]その結果、現場で実験などをつうじて、学びを得ることを目的にした活動が志向されるようになりました。[4]

また「市民の科学理解の向上」というのは、市民と専門家が共に科学の社会に対する影響を議論する機会を持つことでリテラシーを高めることです。専門家だけではなく、最終的に科学の知見を暮らしの中で活用する市民も含めて話し合うことが重視され、「コンセンサス会議」「サイエンスカフェ」などと呼ばれる活動が行われました。これらの流れの中で、リビングラボという名前のついた活動が現れています。[5]

たとえば、米国東海岸のニューハンプシャー大学にて生物多様性や気候変動の研究を行っていた海洋学者のフレデリック・ショートは、グレートベイ河口の生態系を調査した報告書の中で、多くの市民や組織が参加した総合的な取り組みについて報告しています。[6]グレートベイの河口域や他の河口域システムを研究している科学者、市民やモニタリンググループ、管理機関の職員が活動を行い、当事者と専門家が環境について共に考える機会を持ちました。その活動の一つが「グレートベイ・リビングラボ（Great Bay Living Lab）」と名付けられています。専門家が学校の教師とともに立ち上げたパイロットプログラムであり、中学・高校の生徒たちがグレートベイ河口域の問題について考える機会を提供しました。

　他にも、環境教育のスペシャリストであるデイヴィッド・ウッドは「効果のあるプログラムをつくるための学校での環境教育」という教科書の中で、Living Labという単語を使っています。そこでは環境に関する知識を屋内で学ぶのではなく、生活空間や野外を「リビングラボ」として活用して学ぶプログラムを推奨し、具体的なアクティビティを提案しています[7]。

　ここで重要なのは、専門家としての知識も必要なのですが、当事者である市民がどのように感じ考えるのかを知ることです。現場における事象に対して誰もがフラットに意見を出し、価値の実現に関われること、それが、シチズンサイエンスの肝であり、リビングラボにもつうじる考え方です。

（２）ユーザ中心設計――ユーザの観察をつうじたものづくり

　次に、ユーザと共にモノづくりを行おうとした流れの一つとして、「ユーザ中心設計」があります。１９８０年代後半にパーソナル・コンピュータ（ＰＣ）が発明されました。それまでは情報処理は、汎用大型コンピュータが中心となっていましたが、大規模集積回路（ＬＳＩ）技術、ソフトウェア技術などの急速な発展によりＰＣが発明されたことで、それぞれの端末で分散したかたちで情報処理をする形態に変化してきました。それに伴い、専門知識を持った人だけが中央にあるコンピュータを操作する時代から、専門知識を持たない人々（パソコンのユーザ）でもそれぞれの端末を操作する必要がでてきました。そのニーズに対する発明が、ウィンドウやアイコンなどをマウスで操作して、キーボードで文字入力を行うグラフィック・ユーザインターフェイス（ＧＵＩ）です。専門的なコマンド入力を必要とするこれまでのコンピュータと異なり、マウスでアイコンをクリックするといった、より直感的で簡単な操作を、ＧＵＩが可能にしました。

これによって、これまで関係者だけで取り組んでいた開発の進め方が大きく変わりました。たとえばゼロックス社（Ｘｅｒｏｘ）のパロアルト研究所では、複合プリンターのユーザインターフェイスをデザインするために、実際にユーザを開発の現場に招き入れ、観察の専門家である文化人類学者とともに分析を行いました。ユーザの製品理解や使い方の文脈などをあらかじめ想定することには限度があるため、ユーザとともにデザインするアプローチをとったのです。

これらのアプローチは、認知科学者のドン・ノーマンによって、１９８６年に「ユーザ中心設計」と名付けられ、多くの製品やサービスで、普及していきました。１９９１年にはユーザの使いやすさ（ユーザビリティ）を定量的に測定する手法がＩＳＯにて規格化されました。今日では、ＵＸデザインなどという概念・手法に拡張され、企業や行政で働く多くのデザイナーにとって、一般的になっています。

このようなユーザを中心に置いた新しいデザイン手法が社会の中で活用されるように

なったのを受けて、ＭＩＴメディアラボの建築学部教授であったウィリアム・ミッチェルは、「リビングラボ（Living Laboratory）」という概念を１９９５年に提唱しました。彼はリビングラボを「複雑な社会問題に対処するための新しい技術や戦略を開発し、テストすることを目的とした研究方法論」と定義し、その具体的なプロジェクト「PlaceLab」に取り組みました[8]。

このPlaceLabは、一般家庭の設備をすべて備えた一千平方フィートの新しいマンションですが、そこでの行動を事細かに記録することができるものでした。この施設に、一週間から数カ月の範囲で実験に参加するボランティアが入居し、ウェアラブルデバイスを装着したり、施設に設置されたカメラ、マイク、心電図や血圧測定器、空気のモニタリング装置などによって、活動を記録したのです。このようなデータ収集を可能にする技術的なインフラを重視した施設を用意し、新しいデザイン手法を日常的な暮らしの中でテストすることで、人間と生活環境における新しいテクノロジーとの相互作用を注意深く研究するための「顕微鏡」としての役割を果たそうとしたのです。

マーケティングやデザインの領域においては、「サービスドミナントロジック[9]」や「サービスデザイン[10]」が提唱され、サービスの受け手の視点からビジネスを構築することが重視されるようになりました。

また、設計者・企画者に閉じないアプローチを志向するという点では、企業における「オープンイノベーション[11]」や行政運営における「市民参加の梯子[12]」なども同じ潮流にあると言えます。このように、さまざまなセクターのモノづくり・コトづくりにおいて、ユーザを中心にしつつ多様な関係者にひらいてつくる文化（デザインの民主化）へのパラダイムシフトが起きました。リビングラボもこうした流れの中で発展していきました。

（3）参加型デザイン――ものづくり・ことづくりに当事者が関わる

このように米国で学術的に提唱され、観察をつうじてテクノロジーを改善する場として活用されたリビングラボですが、その後、その概念がヨーロッパに渡り、とくに欧州を中心に発展していきます。しかし、単純に米国の概念が輸入されたわけではありません。欧州では、それまで北欧において培われた参加型デザイン[13]という民主化運動の蓄積を基礎として、当事者がものづくり・ことづくりに関わることを重視するかたちで、リビングラボが発展してきました。

もともと、北欧では、東西冷戦中の1970年代、経営者と労働者の社会的格差を打開し、社会の民主化によって平等をめざす運動が広がっていきました。工場やオフィスでのオートメーションの波が押し寄せていた時代であり、経営者は職場の生産性を高めるために積極的に電子機器やデジタル技術の導入を進めていました。一方で、労働者の中で仕事が奪われることへの不安や懸念が高まり、経営者と対立するようになります。しかし、対立関係のままでは、権力を持っている経営者の方針を変えることはできませんでした。そこで、この対立を二項対立に終わらせず、問題解決を図ろうと介入を試みたのが、参加型デザインの始まりと言われています。労働者の働き甲斐と、経営者の生産性を両立させるあり方を、双方の状況を可視化する仕掛けや対話や参加を促すツールなどをデザインすることをつうじて、解決策を見出していきました。

その特徴として、以下の三つが挙げられています。[14]

・労働者の意思決定や生活の質を向上させるための民主化に向けた努力
・民主主義の価値観に基づいてデザインすることによって未来を変えていくこと
・矛盾をデザインのリソースとみなすこと

一つ目は、労働者が経営者と対等に関わることができない状況に対する問題提起です。実際、組織の生産性を考えるための情報を持っていないことや、労働者という立場をはずれて発言する機会がないこと、経営の意思決定のプロセスに関わっていないことは、対等に考えたり、提案することを難しくします。[15]対等な関わりをできる状況をつくり、加えて、自らに対等に関わる権利があることを知って、初めて、対等に関わることができるのです。

二つ目は、産業社会やデジタル技術の導入に反対して対立するのではなく、それを自分たちの労働環境をより良くする機会として積極的に捉え、経営・現場など多面的な視点でデザインしようとする価値観です。参加型デザインのプロセスによって労働者と経営者が対等に検討し、労働者の力が主体的に発揮できる状況がつくれたなら、それは、民主主義の価値観をもって労働環境を変え、社会を変えていく運動のきっかけになるだろうと考えたわけです[16]。当時、米国などで主流だったのは、特権を持った専門家が技術的・商業的な価値観を優先してシステム開発や導入を行うことが一般的でしたので、それに比べると、強い民主主義の価値観が宿った活動と言えるでしょう。

最後に、当時の経営者と労働者の対立的な状況に対して、表層的な利害の調整や、単純な調和の視点でデザインするのではなく、対立が起こっている構造を可視化し、そこで見出された構造（システム）における矛盾や違和感を、デザインの源泉・起点に変えていくという発想です。とくに、経営者もすべてが見えているわけではないにも関わらず、労働者の現場におけるローカルな体験が無視される傾向にあるため、それらを尊重することも含まれます。

参加型デザインの初期の代表的なプロジェクトとして、「ノルウェー鉄・金属労組の技術プロジェクト」があります。1972年にノルウェーのコンピューティングセンターと共同で開始されたこのプロジェクトを牽引したクリステン・ニゴールは、生産性向上と労働者の満足度の両立をめざした過去の研究[17]を参照しつつ、電子機器の導入がもたらす影響の検討や導入の意思決定のプロセスに、経営者だけでなく、労働者が参加できるようにしました。そして、その検討や意思決定に慣れていない労働者が経営者と対等に対話ができ、また経営者が労働者の文脈を理解できるようにする、ツールなどを開発しました。その後、スウェーデン（ＤＥＭＯＳプロジェクト、１９７５－１９７９年）や、デンマーク（プロジェクトＤＵＥ、１９７７－１９８０年）などにも活動が波及し、参加型デザインのムーブメントが起きました。

ここまで見てきたように、参加型デザインでは、経営者側がつくったものを労働者が一方的に押し付けられるのではなく、労働者も当事者として関わり、自らつくって使うという思想への転換が大きなポイントとなっています。これらの動きを経て、誰かがユーザの「ために」設計するアプローチから、当事者が自分のために設計するアプローチへのパラダイム転換が広がっていきました。[18]

3　リビングラボの発展と普及

（1）ヨーロッパにおけるリビングラボ

ここまで見てきたように、リビングラボの方法論は「科学を暮らしの現場に取り戻そうとする」活動、「ユーザの観察をつうじてものづくりを行う」活動、「ものづくり・ことづくりに当事者が関与する」活動の中で育まれてきました。それでは最後に、こうして積み重ねられてきた思想や実践が、どのように普及して現在に至るのか紹介します。

コンピュータのさらなる発展に伴い、ヨーロッパではEUが中心となってデジタルテクノロジーを活用したさまざまな社会実験プログラムが行われました。[19]たとえば、その一つに、１９９９年にスウェーデンのルーレオ工科大学が始めたリビングラボ「ボトニア・リビングラボ」があります。ユーザ主導型のイノベーションプロジェクトであり、その後も、欧州のリビングラボの中心的な拠点として活動しています。

さらに、一八都市で取り組まれた「インテルシティ・プロジェクト」（２００２−０５年）では、欧州の電子政府システムや市民参加に関する研究や技術開発が取り組まれました。

その活動の一環として、「リビングラボ」の提唱者であるＭＩＴのミッチェル教授が招かれ、前述したＭＩＴでの研究における課題認識や知識を共有しました。

これを受けて、米国発祥のリビングラボ概念が、ヨーロッパにおける参加型デザインの文脈のもと、再解釈されることになりました。実験室の中で過ごすユーザの状況を観察・研究する北米型のリビングラボを発展させ、日常の生活環境の中でユーザが主体的にプロジェクトに関わり活動を生みだすリビングラボになっていきます。いわば、前者が仮説検証型のリビングラボであったのに対して、仮説探索型のリビングラボが生みだされていくことになります。

２００６年には、プロジェクトの参加都市によって、リビングラボに関する知識交換を目的としたネットワークであるＥＮｏＬＬ《エノール》（European Network of Living Labs）が、設立されました。この年は、ＥＮｏＬＬの第一段階であり、ＥＵ加盟国一五か国から二〇のリビングラボが参画しました。

ＥＮｏＬＬは、ＥＵ／ＥＣなどの組織と連携しながら、スマートシティなどのデジタルテクノロジーの研究開発や社会実装のプロジェクトに対してコミットするとともに、加盟国、加盟団体の広がりにより、２０１０年には法人化され、国際的な普及展開にも取り組んでいます。２０１３年にＥＣがユーザや市民を中心にイノベーション創出をめざす『オープンイノベーション２・０』[20]という概念を発表すると、その中で、リビングラボの事例も掲載され、政策的に位置づけられていくこととなりました。そのような経緯をへて、ヨーロッパの研究・イノベーション資金調達プログラム「ホライズン２０２０」（２０１４〜２０２０年）[21]では、四千以上のリビングラボプロジェクトが実施されました。その後も、ＥＮｏＬＬのリビングラボ活動は、ＥＵの大型ファンドと連携しながら推進されています。

学術面では、２０１４年より「オープンリビングラボデイズ」[22]というリビングラボに特化した国際会議が開催されています。三日間のイベントには、行政、企業、起業家、学者、市民団体、リビングラボ運営者が参加し、リビングラボに関連する理論や実践についての幅広い洞察を与えることを目的として、双方向のセッション、ワークショップ、ショートトリップやオフサイト訪問が行われました。初回は、オランダ・アムステルダムにて開催され、以降、毎年開催国を変えて続いています。近年では、五大陸、四〇カ国以上から、三〇〇名を超えるリビングラボの研究者・実践者が参加しており、単なる学術会議よりも各地域で価値を生みだすための実践に注力しており、コロナ禍で生まれた問題やウェルビーイング、サステナビリティなど社会のトランジションを志向する動向を捉えつつ、社会の変化に資する取り組みが行われています。

（２）日本におけるリビングラボ

日本では、リビングラボというキーワードは、２０００年代頃から欧州の活動を輸入するかたちで知られるようになりました。２０１０年の経済産業省による「情報政策の要諦

日本のリビングラボの年表と分布

凡例）
太字：日本全体の動き
細字：他の日本での取り組み

2005.03　仙台フィンランド健康福祉センター

2006.09　Lions Living Labo

2010.01－2014.03　湘南リビングラボ
2010.11　経産省 情報政策課　リビングラボ紹介「情報政策の要諦―新成長戦略におけるIT・エレクトロニクス政策の方向性」

2011.10　みんなの使いやすさラボ（みんラボ）
2011.12　BABA ラボ
2012.08　富士通総研 リビングラボ研究レポート
2012.10　おたがいさまコミュニティ

2013.02　Living Lab Tokyo
2013.07　Virtual Living Lab

2014.12　松本ヘルスラボ

2015.01　三浦リビングラボラトリー
2015.04　子育てママリビングラボ
2015.09　Cyber Living Lab

2016.01　第5期科学技術基本計画（Society5.0）
2016.01　八千代リビングラボ
2016.06　みなまきラボ
2016.07　産総研スマートリビングラボ
2016.07　東急 WISE Living Lab
2016.11　鎌倉リビング・ラボ
ほか5件

2017.01　井土ヶ谷アーバンデザインセンター（井土ヶ谷リビングラボ）
2017.05　ともに育むサービスラボ（はぐラボ）
2017.06　福岡ヘルス・ラボ
2017.09　経産省 ヴィンテージ・ソサエティ構築実証事業（リビングラボ4件）
2017.09　神奈川 ME-BYO リビングラボ
2017.10　高石・僥倖リビング・ラボ
2017.12　ドリームハイツ ヘルスケア リビングラボ（とつかリビングラボ）

ほか9件
2018.02　大牟田リビングラボ
2018.03　横浜リビングラボ創生会議
2018.04　第１回リビングラボネットワーク会議
2018.04　こまつしまリビングラボ
2018.07　経産省「未来の教室」実証事業（大牟田リビングラボ含む4件）
2018.10　サイクル・リビングラボ
2018.11　地域共創リビングラボ
ほか 10 件
2019.02　Well Being リビングラボ
2019.03　第２回リビングラボネットワーク会議
2019.10　岡山リビングラボ
ほか3件
2020.07　関内リビングラボ
2020.08　厚労省「介護ロボットの開発実証普及のプラットフォーム事業」（リビングラボ6件）
2020.03　経産省 リビングラボにおける革新的な社会課題解決サービスの創出に係る調査「リビングラボ導入ガイドブック」
2020.10　おやまちリビングラボ
2020.11　奈良リビングラボ
ほか8件

※木村（2021）「高齢者を支える技術と社会的課題」第5章 リビングラボの可能性と日本における構造的課題、（調査資料 2020－6）国立国会図書館調査及び立法考査局を元に作成

——新成長戦略におけるIT・エレクトロニクス政策の方向性」や2012年の富士通総研の研究レポートの中で、サービスの提供者とユーザという一方的な関係ではない新しいオープンイノベーションのあり方としてリビングラボの概念が解説されるとともに、具体的な海外のリビングラボ事例が紹介されました。

その後、リビングラボというキーワードが広がるにつれて、具体的な実践が生まれ始めます。科学技術振興機構の社会技術研究開発センターによる「コミュニティでつくる新しい高齢社会のデザイン」のプロジェクトでは、ENoLLのリビングラボの実践を参考にしながら、いくつかのリビングラボが立ち上げられました。たとえば、筑波大学では、情報機器などを代表とする新しいモノやシステムが高齢者にとって使いにくい、使いたくないと感じる現状を変えるために、産学民のリビングラボとして「みんなの使いやすさラボ」（2011年）がつくられました。また、NPO法人アジアン・エイジング・ビジネスセンターを中心に、超高齢化社会において「おひとりさま」で過ごすのではなく、住民、行政、民間事業者などが地域課題を協働して解決する地域をめざした「おたがいさまコミュニティ」（2012年）が生まれました。初期には、学術分野から立ち上がった日本のリビングラボですが、民間企業が立ち上げた「BABAラボ」や自治体が主導する「松本ヘルスラボ」など、しだいに、産官学民さまざまなセクターでリビングラボが生まれてくるようになります。

2016年からは毎年一〇を超えるリビングラボが生まれるようになりましたが、そのきっかけとして、内閣府の「第５期科学技術基本計画」において提唱されたSociety5.0の影響がありました。そこでは、「サイバー空間とフィジカル空間を高度に融合させたシステムにより、経済発展と社会的課題の解決を両立する人間中心の社会」が新たな目標として掲げられ[23]、人間中心で技術を社会実装する方法論としてリビングラボが注目されるようになりました。

２０１７年からは経済産業省が、２０２０年からは厚生労働省が、２０２３年からは復興庁が、それぞれの事業推進のためにリビングラボを活用し始めています。また、２０２５年日本国際博覧会（大阪・関西万博）に向けた立候補申請文書では、コンセプトとして、未来社会の実験場“People's Living Lab”が掲げられ、未来社会を「共創」（co-create）していくことがめざされています。

コミュニティとしては、２０１８年からは、日本のリビングラボ実践者や研究者が互いにつながり、対話する機会として、「全国リビングラボネットワーク会議」が開催されています。第１回の会議ではＥＮｏＬＬより実践者を招いて基調講演が行われ、第２回ではたまプラーザ、大牟田、こまつしまなど国内のリビングラボ実践者によるパネルディスカッションが、第３回は「奈良リビングラボ」に関わる産官民の市民団体・自治体職員・企業担当者が対話的な基調講演が行われました。第４回では２０２５年大阪・関西万博担当者による基調講演が行われ、第５回では本邦初のリビングラボ基礎セミナーが開催され、日本において有効なガイドブックのあり方を考えるワークショップが行われるなど、欧州とは異なる社会的背景を踏まえた企画が試行されています。

これらの動きの中で、２０２３年には、一般社団法人「日本リビングラボネットワーク」（JNoLL《ジェノール》）[24]が設立され、恒常的にリビングラボの実践者や研究者がつながり、対話や実践知の共有、共同研究、相互支援などを行っていく団体が生まれました。現在、日本国内では、一〇〇件以上のリビングラボがあると言われていますが、[25]これからの広がりと、質の向上、そして、暮らしや社会の課題解決に寄与することが期待されます。

（3）これからの社会に求められるリビングラボ

リビングラボは、市民の暮らしをより良くするために取り組む活動ですが、「どのように良くするか」という点については、時代によって変化があります。２０２２年に開催された国際会議「オープンリビングラボデイズ」では、ENoLLの設立から一五年が経ったことを踏まえて、特別セッション「ENoLLの一五年の歩み――リビングラボのこれまでとこれから」[26]が開催されました。歴代の委員長が集まり、欧州リビングラボの歴史から、一五年のハイライト、リビングラボの定義や課題など盛りだくさんの内容でしたが、とくに注目したいのが、時代の変化に伴ってリビングラボの役割が変化しているという指摘でした。当初は、「ユーザドリブン」であったり、「データドリブン」といったことに重きが置かれていたが、それらのアプローチが普及し、また社会の課題が複雑化してきました。

その中で、気候変動、不平等、世界の民主化、健康と福祉などを本質的に解決するためには、社会にある政策やテクノロジーだけでなく、人が自らの行動を変え、文化を変え、生き方を変えること、つまり、社会をトランジション（転換）していくことがリビングラボの主題になっているとのことでした。

ヘルシンキでのリビングラボの成功事例として有名なフォーラム・ヴィリウム・ヘルシンキ・の創業者兼元ＣＥＯであり、ＥＮｏＬＬ設立に深く関わり議長も務めたヤルモ・エスケリネンは、次のように述べました。

２０００年代のリビングラボでは、ユーザの声を反映して暮らしをよくしていくという主題のもと、情報システムの使いやすさの改善などのユーザドリブンのアプローチが多く行われました。リアルタイムなデータが活用できるようになってからはデータドリブンのアプローチが増えましたが、効率的な産業や暮らしをめざすという方向性は同じでした。

しかし、「ＳＤＧｓ２０３０アジェンダ」が宣言された２０１５年以降、ウェルビーイングやサステナビリティなどのキーワードが注目され、ユーザや行政や企業が単独で取り組むのでは難しい、統合的な目標に向けてセクターを超えた関係者が共に取り組む機運が高まり、一人のユーザの声を反映するだけでもない、データを用いて効率的に改善するだけでもない、共創をつうじて社会の根本的な課題に取り組むことがテーマになっています。

このように、根本的な改題解決が求められる社会において、リビングラボはいっそう注目されるアプローチとなっているのです。

第3部

リビングラボを見学する

10のケーススタディ

Part3では、実際にどのようなリビングラボがあるのか、イメージを持っていただくために実際の事例を紹介します。

事例の中には、リビングラボという名前がついていなくても、私たちがリビングラボ的であると考えるものも含まれています。また、本事例は、私たちが実際に関わったり、足を運んで実際に目で確かめてきたものを主に紹介することにしました。

取り上げた事例は、国内外から10件選びました。

1　**「コペンハーゲンストリートラボ」**——コペンハーゲン市が展開する都市の課題の技術的解決策を模索する大型リビングラボ。

2　**「エグモント・ホイスコーレ」**——障害者と健常者が共に学び合う生きるための学校、ホイスコーレ（国民学校）を舞台にしたリビングラボ。

3　**「EU 2020REACHプロジェクト」**——EUの支援のもと、高齢者施設をベースに、高齢者の活動やケアを支援するリビングラボ。

4　**「ノルウェーEVネットワーク」**——世界においてもEVの利用が進むノルウェーのEVネットワークを「EVリビングラボ」に見立てた。

5　**「デモクラシー・ガレージ」**——民主主義を地域や住民に広め、経済活動に民主主義の考えを埋め込むことを目的としているリビングラボ。

6　**「みんなの使いやすさラボ」**——高齢者コミュニティ活動を行いながら、高齢者が大学の研究者や企業の開発者と製品・サービスの「使いやすさ（ユーザビリティ）」を考えるリビングラボ

7　**「おやまちリビングラボ」**——商店会で暮らす人々の自発性を尊重したつながりづくりから、地域に必要な活動が生まれてくるリビングラボ

8　**「大牟田リビングラボ」**——人口減少社会における新たな都市モデル（社会システム）を提案し、暮らしの当事者の立ち位置で政策やビジネスを探索するリビングラボ

9　**「ＯｎＬＡＢ」**——製薬会社の探索的な活動から、産官学民の関係者が集い、がんサバイバーの幸せな暮らしの実現に向けて活動をするリビングラボ

10　**「鎌倉リビングラボ」**——産官学民が一体となって、高齢化する郊外型分譲地で長寿社会のこれからのあり方を思索・実践するリビングラボ

注目したいポイント

事例において、特に注目してもらいたいポイントについて簡単に解説します。[*]

・概要と特徴

概要には、紹介するケースがどのようなリビングラボなのかを描いています。特徴には、対象とするケースのリビングラボらしさ、また実施において重要となる切り口を描きました。たとえば、どのようにはじまったのか（主体は誰か）、資金はどこから捻出されているか、有形か（建物などが存在する）、無形か（コミュニティが存在する）、などです。

・コラボレーションモデル

リビングラボは、産官学民の多様な人たちが集う共創が基盤となっています。その共創にどのような人たちが関わっているのか、どのように成り立っているのかを紹介します。

・リビングラボデータ

事例ごとに比較がしやすいように、一定の座標軸で分類・分析した結果を示しています。

①領域――リビングラボは産官学民にそって四つに分類できます。リビングラボはおおよそこの領域のどこかに区分できますが、複数の領域にまたがっている場合もありますし、時間の経過とともに複数の領域にまたがる場合もあります。

・サービス・技術開発――企業がサービスや技術開発を念頭に実施するリビングラボ

・行政サービス・政策改善――行政サービスや地域サービス、政策改善、エリアマネジメントなどのために実施するリビングラボ。

・研究――研究所や大学などの研究機関に所属する研究者がアクションリサーチの一環として実施するリビングラボ。

・当事者デザイン――当事者が、主体となって進めるリビングラボ

②**キーワード**――どのようなテーマ（課題意識）が設定されているかを示しています。

③**期間**――どのぐらいのスパンで考えられ、実践されているかを示しています。短期（半年程度）・中期（一年以上）・長期（継続的）によって、リビングラボの性質、また運営のあり方が異なってきます。

④**活動頻度**――低・中（隔月）・高（毎月）、どれだけ頻度で行われるリビングラボなのかを示しています。

⑤**範囲**――個人の集まりから国家規模の大きさまで、どの程度の活動が想定されているのか、どの程度の参加者を受け入れることができるのかを示しています。

⑥**開放度**――誰でも入っていける環境なのか、参加者をコミュニティのメンバーなどに限定しているかを示しています。

＊　事例紹介におけるフォーマットにかんしては、デザイン研究者の上平崇仁と安岡による共同リサーチ「クリエイティブ・シティ・コンソーシアム　フューチャーワークWG　東京急行電鉄株式会社　コクヨ株式会社　委託研究成果資料　日本でのリビングラボ手法実施に向けたデンマークのリビングラボプロジェクト調査研究報告」（２０１６年）をベースに、アレンジを加えました。

case 1
コペンハーゲンストリートラボ

概要

「コペンハーゲンストリートラボ」は、コペンハーゲン市のソリューションラボが、2016年から18年にかけて展開した大型の都市型リビングラボである。都市の課題の技術的解決策を模索することを目的とし、スマートシティに関する実証実験とデモンストレーションを行う場として、リビングラボが実施された。

広く企業や学術界に参加が呼びかけられ、その結果、さまざまな産官学民プロジェクトが提案され、実施された。参加者・団体は、コペンハーゲン市の複数部局、研究者、地元企業、Ｃｉｓｃｏ、ＨＩＴＡＣＨＩやAvanti R&D（本社米国）などのグローバル企業など多岐にわたる。

街の一角にある市内の二つの目抜き通りをリビングラボとし、Ｗｉ－Ｆｉや多種多様なセンサーを敷設して、ＩｏＴを用いた実証実験が進められた。また、参加企業が独自のセンサーやＩｏＴデバイスを提供・設置し、パブリックスペースを活用した社会実験が行われた。

「コペンハーゲンストリートラボ」をプラットフォームとし、複数のプロジェクトが実施されたが、各プロジェクトの仕立てはそれぞれ異なっていた。市は地域活性化を目的とし、企業はサービス開発を目的とし、両者にとってメリットのあるリビングラボとなるように、課題をすり合わせ、各プロジェクトに合った目的が設定された。

特徴

市が中心となり、産官学民に参加が呼びかけられた、行政主導のリビングラボの事例である。一つの建物ではなく、都市の基幹交通道路である目抜き通りとその周辺にある市民の生活の場一帯がリビングラボとなった。街の活動の起点となっている生活エリアを実証実

信号に設置されたセンサーや IoT デバイスで交通量などを計測（出典：Avanti R&D）

験場として活用するという試みは、2016年当初は、比較的珍しいものであった。

また、スマートシティ系のリビングラボとして先駆的であり、広く内外から関心を集めた。実施されたプロジェクトは、多様性に富み、コンセプトレベルから実証につながっている例も多々見られる。たとえば、市民と観光客に向けた各種サービス、スマートパーキング、廃棄物管理、大気汚染・騒音公害対策、水資源管理、モビリティ、都市Ｗｉ－Ｆｉなどがある。

▼ コラボレーションモデル

コペンハーゲン市の主導のもと、産業や技術を持つ企業、分析や提案を行う研究者が、広く参加したモデルである。他方で、誰でも参加できるリビングラボではなく、コペンハーゲン市の都市課題解決のニーズに基づいているうえ、提供技術やトライアルのコンセプトが都市型スマートシティに貢献している必要があり、参加へのハードルはそれなりに高かったと言われる。

▼成果と課題

「コペンハーゲンストリートラボ」は、コペンハーゲン市が実施したリビングラボプロジェクトとして国内外で知名度が高い。また、２０１６年という世界的にもスマートシティの動きが始まったばかりであった時期に、都市におけるテクノロジーの実装に関心を持つ企業に訴求することができた。企業は、テクノロジーを現実の生活空間に実装することで、シミュレーションを行い、データ収集分析を進めることができ、その後も事例として紹介できる実践ケースとなった。コペンハーゲン市は、場所を提供することで、ネットワークやスマートシティ関連技術の知見を蓄積していった。

一方で、その後、参加企業が実証実験を行ったテクノロジーがスケールし、多種多様な都市への導入が可能になったかどうかは、追跡できていない。実証対象となった機能やサービスの持続可能性は、関心を持つ企業の資金提供に依るところが大きく、また、市民の参加やＮＰＯなどのボトムアップ的なプロジェクトは限られた。

リビングラボ後に設置されたトラフィックカウンター。自転車の台数を計測し、整備に役立てている

▼ 学びのポイント

・トップダウンで始まるリビングラボとして、魅力的な環境が整えられ、国内企業ばかりかグローバル企業も参入しやすく、多くの専門家が集うプロジェクトに成長した。

・外部にも広く知られるプロジェクトとなり、デンマークの首都コペンハーゲンのスマートシティのゲートウェイとして認知された。

・失敗・成功に関わらず、コペンハーゲン市のスマートシティプロジェクトの知見の蓄積につながった。

▼ もっと知りたい方に

コペンハーゲンソリューションラボのホームページ

https://cphsolutionslab.dk/en/news/street-lab

リビングラボデータ

領域

研究／サービス・技術開発

キーワード

まちづくり／スマートシティ

期間

短期　中期　長期

活動頻度

低　中　高

範囲

数人　コミュニティ　自治体　国

開放度（どれだけ開けてるか）

低　中　高

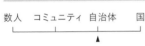

case
2
エグモント・ホイスコーレ

▼概要

「エグモント・ホイスコーレ（Egmont Hojskolen）」は、障害者と健常者が共に学び合うためのホイスコーレ（公立国民学校）である。全寮制で全員が同じ場所に数カ月間（半年〜１年）滞在して生活する。在校生は200人強で、基本的にデンマーク人が中心だが、アフリカから視覚障害者が集団で入学するケースや、日本人が学生として受け入れられるケースもある。年々入学を志望する学生が増え、経営も安定している。

寄宿舎が併設されている学校であると同時に、障害者の生活にフィットした大型施設の建設や技術ツールの開発を進めるリビングラボとなっている。学生や教師が生活を豊かにするための新しい機器開発や改良に深い関心を持っていることから、福祉機器メーカーとのコラボレーションも広く実施されている。

また、公的組織や民間ファンドからの潤沢な予算の獲得に成功し、良い経済循環を生みだしている。学校・施設・研究所・リゾートなど多層的な機能を持つことで、障害者のみでなく、関わる人それぞれにメリットがある互酬的なコミュニティが実現している。

▼特徴

「エグモント・ホイスコーレ」は、当事者たちから「リビングラボ」と呼ばれているわけではないが、学校活動に「障害者施設」の機能が一体化されていることで、福祉機器の実践やそれを生活インフラとする実証実験が常に行われており、実質、リビングラボとして機能している。学校という組織を中心に、さまざまな挑戦や失敗（トライアル&エラー）を許容し学び合う仕組みが包含されている。

学校生活を営むうえで障害者が対面するであろう課題の解決に積極的に取り組む場となっていることから、

エグモント・ホイスコーレ正面玄関

生活を共にする健常者や福祉機器メーカーの開発部門、研究者を多数引きつけ、独特な新しい道具やコトが生みだされている。リビングラボとしての革新的な共生の場、協創の場の一つの理想になっている。

▼コラボレーションモデル

「エグモント・ホイスコーレ」は、職員たちの発想と努力によって、障害を持つ当事者自身が介助者を自分で雇用する制度、「パーソナルアシスタント制度」を導入している。これは、障害を持ち介護が必要な生徒に、健常者の生徒がヘルパーとしてつく制度である。つまり、ボランティアでなく、障害者が自分の介護に適した学生を雇うという雇用形態である。障害者が日常生活の補助を得る一方で、健常者の学生は身近でケアの直接経験を得られるだけでなく、寮の余暇の中でお金を稼ぐことができる。このような互酬的な関係が、さまざまなかたちで取り入れられている。

また、企業と学校の提携の仕組みも活発である。たとえば、高齢者や障害者向けの住宅メーカーと提携し、最新の住宅のモデルルームを設置している。それによって、学生は安価に入居できると同時に、メーカー側は製品のユーザビリティや満足度などについての実証実験を行うことができる。

障害者学生たちが利用するＩＴ機器の開発なども、企業とともに行われている。たとえば、新規の機器の試験的利用、ＩＴ機器の個別最適化を進めるといった試みが、定期的に見られる。

▼成果と課題

「エグモント・ホイスコーレ」は、１９５６年にデンマークの全国障害者協会によって身体障害者だけの学校として設立された。オーレ・ルースが校長として着任した１９７０年から、障害者と健常者を分けない統合教育を開始するようになった。設備やケアのあり方に対する数々の努力によって、障害者と健常者が共に学ぶことができる環境を備えるようになった。理想的な場を実現しようとする運営者のビジョンと長年の紆余曲折を経て、障害者の学校生活を支えるためのビジネスモデルが構築された。

障害者向けの教育施設を地域にオープンにしたり、

車椅子ごと入れるスイミングプール

障害者も楽しめるスポーツやレクレーションを支える環境を模索するといった、斬新な提案が重ねられ、これまでにも、障害者たちの願望を実現するかたちで、車椅子ごと入れる温水プール、クライミングウォール、スロープ、ブランコなどの設備が開発され設置されてきた。積極的に新しい設備の導入に取り組もうとする学校の姿勢が、身体に制約があっても楽しみたいと思う障害者当人や、福祉機器メーカーを魅了し、地域コミュニティの理解を促進した。

▼学びのポイント

・障害者の学びに理想的な場を実現しようとする運営者のビジョンに基づき模索された結果、現在の生活の場におけるトライアルアンドエラーが許容されるかたちが生まれた。

・「学ぶ」「生活する」の場のコンテクストにそって機能が多層化した。

・それぞれの関係者にとってメリットがあるリビングラボに昇華し、互酬的な関係がつくられることで、継続的な企業との連携、地域との連携が可能になった。

▼もっと知りたい方に

エグモントホイスコーレのホームページ
https://www.egmont-hs.dk/

リビングラボデータ

領域
当事者デザイン／サービス・技術開発

キーワード
障害者支援

期間
短期　中期　長期（▲長期）

活動頻度
低　中　高（▲高）

範囲
数人　コミュニティ　自治体　国（▲コミュニティ）

開放度（どれだけ開けてるか）
低　中　高（▲中）

case 3 EU2020REACHプロジェクト

▼概要

「EU2020REACHプロジェクト（以下、REACH）」は、高齢者の活動やケアを支援する試みで、2016年から2020年まで実施されたEUの大型研究ファンドプロジェクトである。Responsibe Engagement of the elderly promoting Activity and Customized Health care から頭文字をとり、「REACH」と名付けられた。中心となったのは、デンマーク・オランダ・ドイツ・スイスの大学とそれぞれの地域の病院や高齢者施設、地方自治体、市民である。そこに、システム開発や福祉技術ツールを提供するポーランドやスイスの企業がコンセプトの段階から参画した。

最終目的は、データモニタリングを通した介入により、入院をなるべく避けること、また、入院した場合も再入院とならないようにリハビリや介入により回復、現状維持をすることとされた。

プロジェクトでは、ITに何ができるのかを考え、シームレスな包括的支援体制（ヘルスケアエコシステム）の提案、エコシステムに組み込まれるITやIoT支援システムのコンセプト開発、システム開発、ツール開発が行われた。フィールド理解やシステム開発を目的とし、四地域で五年間にわたるリビングラボを実施し、かつ、四カ国すべてのメンバーが参加する合同ワークショップなどを経て、健康で長生きをする高齢者（アクティブシニア）を支援するエコシステムやツールの開発につなげた。

▼特徴

大型の政府資金を取得し、研究者が主導しているリビングラボであり、五年間にわたって実施された。四カ国に分散しており、リビングラボのベースとなる建

スイスでのワークショップの模様

物（たとえば高齢者施設）など物理的な場所がある場合もあれば、ゆるやかにつながるコミュニティがリビングラボとして機能している場合もあり形態はさまざまである。

立ち上げから運用、国家間の知見は、グローバルに共有された。プロジェクトが終了した現在、リビングラボは稼働していないが、開発に関わっていた民間企業がアウトプットの産業化につなげている。

▼　コラボレーションモデル

「REACH」は、社会実践を進める研究者同士のコラボレーションが基盤となっている。四カ国の研究者が、研究の大枠について合意し、ローカルの課題に一緒に取り組めるコラボレーターを募ることで研究コミュニティが構築された。コラボレーターは、病院、リハビリセンター、高齢者施設など、国によってさまざまであり、さらに、その施設に関わる市民、そして医療を支える自治体が、プロジェクトメンバーとなっている。

地場産業もコミュニティに加わってはいるが、技術力を持ったテクノロジー企業が、プロジェクトに惹かれて参加するケースも見られた。たとえば、独自の福祉機器を開発するポーランドの企業の参加などが見られている。企業の参加には、新陳代謝が見られ、長期的にプロジェクト全体に関わる企業もあれば、地域のプロジェクトにのみ関わる企業もあった。

最終的に、ヘルスケアエコシステムのモデルが立ち上げられ、また具体的なシニアの運動のモチベーションを支える支援ツールやスマート寝具、スマートトルームなどが提案されている。

▼成果と課題

ＥＵの大型研究資金を取得できたため、多くの優秀な研究者が集う場となった。そのため、多くの議論やトライアルが五年間のプロジェクト期間で実施されることにつながった。しかしながら、リビングラボの実施にあたっては、新しくコミュニティを構築する必要があったため、立ち上げまでに半年から一年近くの時間を要している。組織間の意見調整を計ったり、信頼を構築したりすることが不可欠になるために、初めの一歩に時間がかかる。大型リビングラボプロジェクトの多くが、人的交流がまったくないところからコミュニティを立ち上げるという困難を抱えがちである。

しかし、「ＲＥＡＣＨ」は、四カ国合同で実施したプロジェクトであり、マクロな視点からリビングラボに取り組めたという点が利点と言える。同時に、それぞ

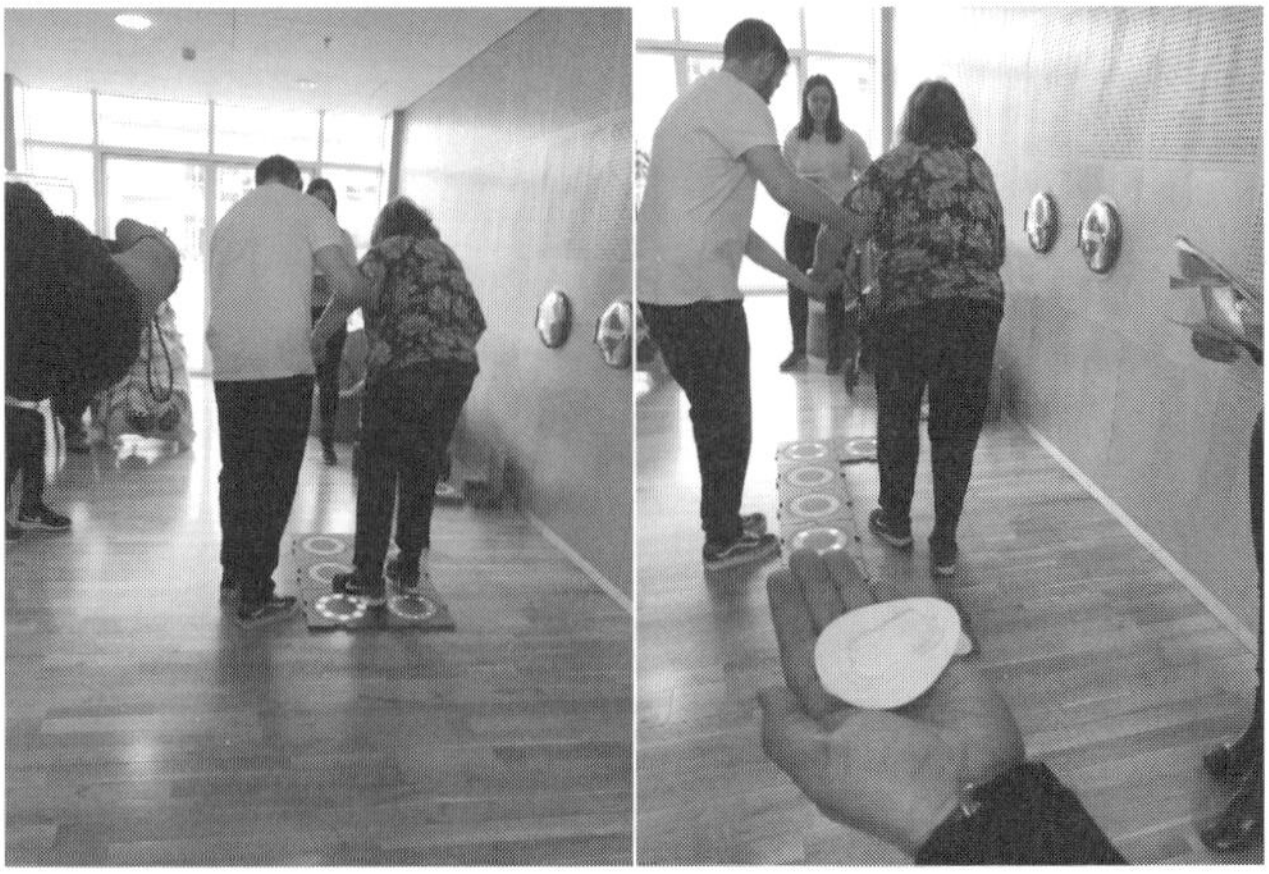

シニアの運動のモチベーションを支える支援ツール

れの国で社会文化的要素を配慮したローカルなリビングラボが実施されたことから、単なる理論に止まらず、市民との交流を通した、より現実に即した課題探索や解決策の模索などの取り組みがなされた。

▼ 学びのポイント

・期間限定のプロジェクトではありつつも、企業を巻き込むことでプロジェクト終了後もアウトプットが活用されるという持続可能性を考慮した仕掛けが埋め込まれている。

・当初の設計としてグローバルにネットワークが構築・維持され、知見の横展開につながった。

・グローバルプロジェクトでありつつ、地域性に即したリビングラボを実施したことで役立つ知見が導出された。

▼ もっと知りたい方に

EUの研究開発に関するデータベース「Cordis」の「REACH」情報ページ
https://cordis.europa.eu/project/id/690425

リビングラボデータ

領域

研究／サービス・技術開発／当事者デザイン

キーワード

アクティブシニア支援

期間

短期　中期　長期

活動頻度

低　中　高

範囲

数人　コミュニティ　自治体　国

開放度（どれだけ開けてるか）

低　中　高

case 4 ノルウェーEVネットワーク

概要

ノルウェーは２０２５年までにすべての乗用車の新車をＥＶや燃料電池車（ＦＣＶ）など温暖化ガスを排出しない「ゼロエミッション車」にすることをめざしており、消費者のガソリン車離れが進んでいる。この国家目標を達成させるべく、ノルウェー政府が進めるＥＶ優遇政策は功を奏し、２０２０年の新車台数の50％以上がＥＶとなった。

ＥＶ車の促進と言うと、ＥＶ車の販売台数に注目が集まるが、重要なのはＥＶ車を活用できる国全体のエコシステムが構築されたことにある。

ＥＶ車購入のための減税ばかりでなく、都市中心部にＥＶ車の優先道路や駐車場などを設置し、フェリー料金のディスカウント、優先搭乗など、ＥＶ促進のためのさまざまな試みが全国的に見られた。物理的・制度的インフラを整備したことで、ＥＶ車でスキーリゾートやフィヨルド探索にも気軽に行け、バッテリーチャージに不便を感じさせないことが利用を後押しした。グリーンエネルギーである潤沢な水力発電を源に環境への負荷が最小に抑えられることを謳い、そこからできあがったのが、国全体を使った「ノルウェーＥＶネットワーク」のリビングラボ環境である。

ノルウェーのＥＶリビングラボは、ＥＶの静かな走りとゼロエミッションという環境性能を国民だけではなく、広く世界へ周知しつつある。観光大国をめざすノルウェーは、雄大な自然を目玉とした環境ツーリズムを促進し、国外からノルウェーを訪れる人たちにも、ＥＶ車のレンタルを通して、ＥＶが普及した世界を体験するＥＶツーリズムを提供している。いわば、５００万人の国で実施される、ＥＶを軸にした大掛かりなリビングラボが続いている。

ノルウェー観光局のトップページ。「ノルウェーにバカンスで来たら、電気自動車に乗って、こんなふうに過ごして」と紹介されている。

▼特徴

ノルウェー政府が国策として、推進しているリビングラボである。国として「ＥＶリビングラボ」を標榜しているわけではないが、ＥＶ車が普及した社会を模索するという点で、ＥＶリビングラボとみなすことは大きく間違ってはいないだろう。ＥＶ車や蓄電池を活用したまちづくりなどは、さまざまな国で構想としては10年前から提案されてきた。しかしながら、ＥＶインフラが敷設されていない社会でのトライアルでは、シミュレーションや想像の域をでない。実際にＥＶが浸透したときに、社会がどのようになるかはわかっていないことは多く、ノルウェーは、今もっともＥＶ社会に近い環境を全国的に構築しているほぼ唯一の国である。

▼コラボレーションモデル

国主導の政策によって生まれたリビングラボであり、トップダウンの色合いが非常に強い。研究機関の研究者がプロジェクトに参加し、提案や分析を担当するなどの産官学民の共創が一部見られる。また、民間企業が、補助金を活用し、ＥＶ用のチャージステーションの敷設を進めるというかたちをとることが多い。

▼ 成果と課題

ＥＶの進展において注目されがちなのが、各自動車メーカーがどのようなＥＶをだすか、どの車種の販売台数が多いかという点である。しかしながら、ＥＶの電力源としての再生可能エネルギーの生成、充電ステーションネットワークの敷設、企業や一般市民にＥＶ利用を促すエコシステムの実現、といった包括的なＥＶシステムが、それ以上に重要である。

ＥＶ車の購入にダイレクトにつながる減税といった政策だけでなく、日常生活に根付かせて使わせるためのインセンティブや仕組みづくりまで考察し、実証をしたこと、リビングラボを採用し、さまざまな政策の実証実験を行い、分析を通し手効果的な戦略を確実に全国的に実装していったことが、ＥＶの利用が着実に伸びている要因である。

国全域にＥＶインフラが整いつつある現在、国全体をリビングラボと見立て、ＥＶ活用のための実証実験の場として、ノルウェーが注目されるようになっている。

EV 充電スタンドがあることの標識案内

▼ 学びのポイント

・購買のみでなく、利用し続けるためのインフラづくりを丁寧に行ったことで、実際のＥＶ利用が進み、国全体に広がるリビングラボとなっている。

・基盤となるＥＶ車利用のエコシステムが構築されて

いるので、他に類を見ない「EVが普通になった社会」のリビングラボが生まれた。
・トップダウンとボトムアップの共創により、他分野（たとえばツーリズム）に波及し、国全体が恩恵を受けている。

▼もっと知りたい方に

ノルウェー電気自動車協会のホームページ
https://elbil.no/english/norwegian-ev-policy/

リビングラボデータ

領域
研究／行政サービス・政策改善

キーワード
まちづくり／スマートシティ／EV

期間
短期　中期　長期
▲（長期）

活動頻度
低　中　高
▲（高）

範囲
数人　コミュニティ　自治体　国
▲（国）

開放度（どれだけ開けてるか）
低　中　高
▲（高）

case 5

デモクラシー・ガレージ

▼ 概要

「デモクラシー・ガレージ（Demokrati Garage）」は、企業のマインドセットや企業を軸とする経済活動に「民主主義」の考えを埋め込むことを目的としているデンマークのリビングラボである。自動車修理工場などが立ち並んでいたコペンハーゲンのNV（北西）エリアの再開発に伴い、新興住宅群の一角に、古い工場跡を活用したカフェ・オフィス・インキュベーションセンター「デモクラシー・ガレージ」が2020年に設立された。

「民主主義」のアドボカシーNPO「We Do Democracy」がコペンハーゲン市に直談判し、行政、銀行、地域住民と一緒に6回のワークショップを実施して議論を重ね、提案書をまとめ、その結果つくられた。

「デモクラシー・ガレージ」の柱は、スタートアップのインキュベーションセンターとしての役割であり、「民主主義」を推進するコーポラティブ・オーガニゼーションを基盤とするスタートアップがオフィスを構えている。同じインキュベーションエリアには、起業家や弁護士、会計士などの起業支援者が集う。さらに、日常生活に根付いた「民主主義」の実践のために、市民や政治家やアクティビストや家族連れや移民や少数者などを呼び込み、勉強会、討論会、イベントが開催されている。たとえば、通常時には、討論会やフライデーバーが、選挙時には開票速報をみんなで見守るパブリックビューイングなどが開催されている。

▼ 特徴

「民主主義」というかたちに表しにくいコンセプトを、コミュニティ、ひいては現代社会にいかに根づかせていくかという課題に対して、模索するコトづくり型のリビングラボである。アソシエーションのボトム

デモクラシー・ガレージ外観

アップからスタートしているが、地域の自治体や産業、スタートアップ起業家、地域住民との共創によって場が運営されている。

「デモクラシー・ガレージ」は、「民主主義」の実践の場であり、みんなが使えるコモンズである。単なる場所ではなく、アイディアがスパークする「場」、「民主主義の実践」という大きな力に惹かれて老若男女が集まるコミュニティと言える。

▼コラボレーションモデル

「デモクラシー・ガレージ」では、アソシエーション、銀行、コペンハーゲン市、スタートアップ起業家、地域住民が共に場を運営し、比較的平等な立ち位置で活動を支えている。それぞれの役割は異なり、たとえば、アソシエーション「We Do Democracy」が専門家を、コペンハーゲン市が土地を、コペンハーゲン市と銀行が活動資金の一部を提供している。「デモクラシー・ガレージ」における活動自体は、「We Do Democracy」の職員や地域コミュニティ、住民が主催し、他の組織と共同で実施されている。

▼成果と課題

「デモクラシー・ガレージ」は、誰もが訪問できるオープンなスペースであり、そのメッセージを的確に伝えることで、活発なリビングラボ空間をつくりだしている。スタートアップが集うオフィススペース、外部組織や地域住民とのワークショップが実施できる広めのミーティングルーム以外にも、コペンハーゲンでもっとも美味しいと評判のピザをだすカフェがあったりするために、民主主義に特別のこだわりや興味がなくても多くの人が訪れる。

入口は広く開放的でアミューズメントパークのゲートをイメージさせられ、掲示板にはイベント情報が共有されている。立て看板には、すべての人を歓迎する旨のメッセージが描かれており、少し覗いてみてしまおうか、と思える仕掛けで溢れている。

フライデーバーや頻繁に開かれているイベントに参加することで、参加者は気づかないうちに民主主義を体感でき、自然と他者との共創の仕方を学ぶことにつながっている。

イベント状況が告知される黒板

▼ **学びのポイント**

・ボトムアップで始まっているが、多くの人との協働体制を意識的につくりあげ、それぞれが自分の専門分野で活躍することで、長期的に維持されやすい場が構築されている。

・コミュニティへの参加の最初の一歩を踏み出しやすい工夫に溢れている。

・コトのリビングラボを実践するためのアクティビティや工夫が凝らされている。

▼ **もっと知りたい方に**

「デモクラシー・ガレージ」のホームページ
https://www.demokratigarage.dk/

「We Do Democracy」のホームページ
https://www.wedodemocracy.dk/en/

安岡美佳「デモクラシーガレージに行ってきた」
https://note.com/happinesstech/n/n12b5329f8ad3

リビングラボデータ

領域

当事者デザイン

キーワード

まちづくり／アソシエーション

期間

短期　中期　長期
▲（長期）

活動頻度

低　中　高
▲（高）

範囲

数人　コミュニティ　自治体　国
▲（自治体）

開放度（どれだけ開けてるか）

低　中　高
▲（高）

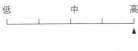

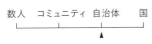

case 6

みんなの使いやすさラボ

▼ 概要

「みんなの使いやすさラボ（みんラボ）」は、筑波大学が科学技術振興機構（ＪＳＴ）の助成金を受けて、２０１１年に立ち上げられたリビングラボである。加齢に伴い認知機能が低下しやすい高齢者にとっての使いやすさを追及することで、誰にとっても使いやすいデザイン（ユニバーサルデザイン）の実現をめざして運営されている。

新しいテクノロジーやシステムの使いやすさ（ユーザビリティ）を高齢者目線で試行錯誤するプロセスをつうじて、市民にとって使いやすいデザインを考える場となっている。また、大学や企業にとっては「使いやすさとは何か」「加齢に伴う認知特性とは何か」という示唆を得る場になっている。

この場を運営するにあたり、市民と企業がユーザビリティについて対話したり、研究発表をするコミュニティ活動「みんラボカフェ」を行っている。２０２３年時点で、２５０名ほどの高齢者を中心とする市民が関わっている。

▼ 特徴

大学のユーザビリティ研究者が、高齢者にとっての使いやすさをリサーチする中で、研究者－被験者という関係性で付き合うのではなく、高齢者の主体的な社会参加と重ねながら共創している点が特徴的である。研究者としての学術的な価値追求と、高齢者の一生活者としての主体性が両立するような運営が心掛けられている。

実際、高齢者を、使いづらさを指摘してくれるエキスパートとして捉えることで、運営する大学の研究者や企業の開発者は多くの気づきを得ており、自分たちが学ぶ場であるという感覚が強い。このような関わり

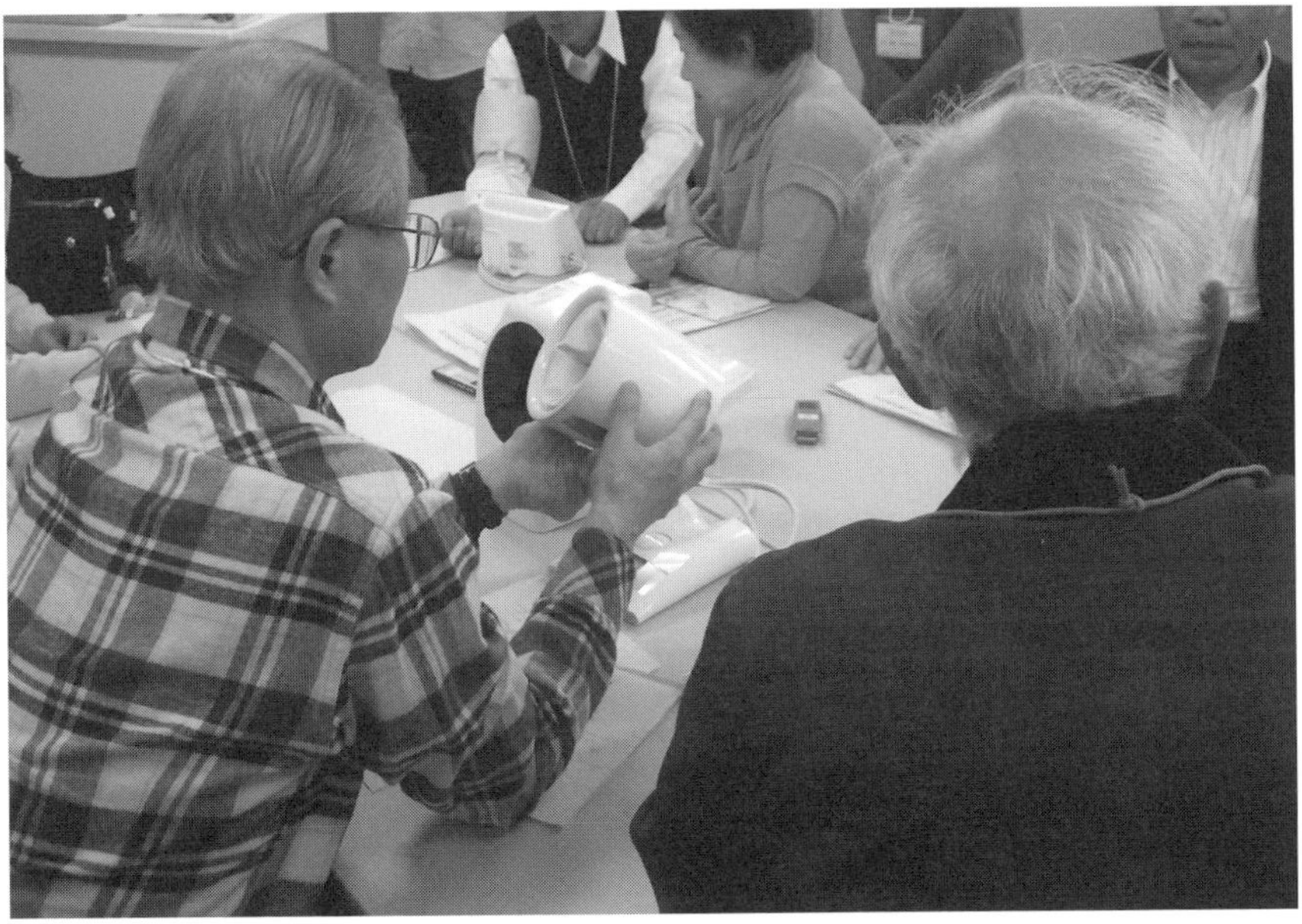
高齢者たちとのユーザビリティテスト

がデザインされることで、参加者と研究者、企業の間にフェアな関係性が保たれている。

▼ コラボレーションモデル

「みんラボカフェ」では、月1回程度のミニワークショップが定期的に開催されている。開発者や研究者の話題提供と、それにまつわる議論をつうじて、高齢者を研究対象として扱うのではなく、パートナーとして積極的に仲間になってもらい、フェアな関係で検証活動を行っている。この点が長期的な活動継続の秘訣となっており、その結果、「みんラボカフェ」だけでなく、参加者の提案・企画から始まった広報誌「みんラボ四季報」の活動や、調査とは直接つながらないサークル活動（食の会、健康自慢の会、フレットバイオリンの会など）が生まれている。

また、外部の企業開発者や大学研究者に向けては、「みんラボコンソーシアム」という任意団体を立ち上げており、「みんラボカフェ」との関係性を持ちながら、ユーザビリティに関する調査・研究委託や、大学との共同研究ができる枠組みを提供している。

▼ 成果と課題

使いやすさの検証活動とは直接つながらない「みんラボカフェ」の活発さが、このリビングラボの魅力となっている。こうした活動は、運営者が手取り足取りプログラムを提供するのではなく、参加者の主体的な活動から生まれている。参加者から希望や提案があっても、運営者は面白がりながらも直接関与しない姿勢を示すことで、自発的に動くように促している。そうすることで、参加者がリビングラボの活動に参加する動機を自ら生みだしている。

また、大学という信頼性の高い組織が運営していることが、良い影響を与えている。リビングラボの活動が、社会のため、研究のためになるので、参加者には社会貢献をしているという感覚が芽生える。その結果、リビングラボに協力しようという市民が多くなっている。

▼ 学びのポイント

・企業・大学の検証目的だけでなく、市民が主体的に活動できるコミュニティを持っている
・大学という組織の信頼性を活かすかたちで活動を行っている
・市民が使いやすさの専門家として社会に貢献できる状況をつくしているという感覚を持てるような工夫を行っている

▼ もっと知りたい方に

みんなの使いやすさラボＨＰ
https://tsukaiyasusa.jp/

みんラボ
四季報
平成26年8月1日発行 創刊号
みんラボ・広報編集室　TEL：029-879-7351　FAX：029-879-7352　つくば市吾妻3-14-17 細田ビル2階

創刊によせて
みんラボ代表　原田悦子

このたび会員の皆様のお力を借りて「みんラボ四季報」を発行することになりました。こうした広報紙を出したいね、出さないといけないよね、と話しており、しかしずっと先延ばしになっておりました。それだけに、会員の方々から「出しましょう！自分たちが中心になって編集・発行していきますよ！」と言っていただいたことは本当にうれしく、ありがたく、心からお礼を申し上げます。

みんラボは、国の研究助成金を受けて、大学を母体として発足した研究センターです。しかし、みんラボ自体は、みんラボに関わる全ての人達のものです。つまり
①使いやすさを向上するために情報や方法・アドバイスを求めていらっしゃるメーカー・サービス提供者のみなさん、
②使いやすさの研究を進める研究者とその卵たち、
③みんなにとっての使いやすさをキーワードとして、社会貢献をしていこうとしてくださっている登録会員のみなさん。

この三者が出会い、お互いに交流しあうことによって高めあっていける場、それがみんラボです。

その活動を推進していくためにも、また「こんな素敵な場所がありますよ」ということを社会に広くお伝えしていくためにも、「みんラボ四季報」は絶大なる力を発揮していくと思います。

編集グループの皆様、末永くどうぞよろしくお願いいたします。

みんラボってなぁに？

みんなの使いやすさラボ

これからの超高齢社会を誰にとっても住みよい社会にしていくためには、使いやすく工夫されたシステム（家電製品、病院などといった組織）づくりが欠かせません。そこで企業内でなく、中立的な立場でモノの使いやすさについて研究ができ、また一人一人の市民の視点からモノの使いやすさがどうあるべきかを考える場として設立されたのが、みんなの使いやすさラボ、通称「みんラボ」なのです。

使いやすさ力を高める！

みんラボでは、モノの使いにくさを最も鋭く感じている高齢者のみなさんを会員として募集し、研究調査への協力をお願いしています。会員のみなさまや、様々なメーカー、研究者などと「モノの使いやすさと、人間・社会」について多様な議論の場をもつことで、日本の社会におけるモノのデザイン、使いやすさをより良いものにしていきたいと考えています。このような活動を通して、使いやすいモノに囲まれた豊かな高齢社会を実現することが、みんラボの目標です。

1

広報誌の「みんラボ四季報」

コミュニティで創る新しい高齢社会のデザインＨＰ
https://www.jst.go.jp/ristex/korei/02project/prj_h23_09.html
筑波大学研究ポータル　みんらぼリサーチユニットのホームページ
https://ura.sec.tsukuba.ac.jp/archives/3519

リビングラボデータ

領域

研究／サービス・技術開発

キーワード

使いやすさ／高齢者

期間

短期　中期　長期

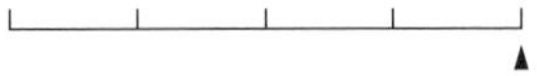

活動頻度

低　中　高

範囲

数人　コミュニティ　自治体　国

開放度（どれだけ開けてるか）

低　中　高

case
7
おやまちリビングラボ

概要

東京都世田谷区尾山台エリアをフィールドに、立場の異なる発起人４人（商店街理事、大学教員、小学校長、小学生の保護者であった研究者）が個人としてつながったことを契機として「おやまちプロジェクト」が始まった。その活動を基盤として、東京都市大学総合研究所ウェルビーイング・リビングラボ研究ユニットがおやまちプロジェクトと協働で２０２２年度より運営しているリビングラボ。

教育、健康、歩行者空間、地域経済の循環といった暮らし心地の良さにつながる多様なプロジェクトが同時共存し、リサーチやプロトタイピングからプログラム開発と、その着地点も多様である。探索的プロセスとその共通体験の蓄積を大切にすることで、産官学民の間に新しい関係性が育まれるというアプローチで実践を重ねている。

特徴

地域の課題解決や、大学や企業の研究開発などの大きなテーマから始めるのではなく、地域の人が「好き」や「楽しい」をきっかけに出会い、思いをかたちにする活動が重視されている。その活動を続ける中で企業や病院から声がかかるようになり、多様なプロジェクトが生まれている。最初から決まったゴールに向けて走るのではなく、とりあえず一緒に始めてみて、偶発性や即興性も含めて地域に本当に必要なものを探す「意図的な漂流」なスタンスでプロジェクト運営がされている。

コラボレーションモデル

商店街の理事、小学校の校長、ＰＴＡの保護者、地域の大学教授などが、個人として出会い、対話する中で、まずは「街の中で人と人とがつながり、何かを学

ハッピーロード尾山台におけるイベントの様子

べる場をつくる」ことを共通の目的として、「おやまちプロジェクト」が設立された。

課題解決や価値創出を目的にするのではなく、その土壌となる〈場〉・人のつながりのインフラを豊かにしようとする目的設定がおやまちプロジェクトの特徴と言える。リビングラボを立ち上げる際も地域の関係者を巻き込んでみんなでつくり、活動拠点のリノベーションも住民参加型でＤＩＹするなど、人のつながりを豊かにするプロセスで進めている。一見遠回りの取り組みにも見えるが、結果として、〈場〉を豊かにすることで具体的な活動が生まれ、設立メンバーがめざした目的が実現している。

▼成果と課題

リビングラボの代表である東京都市大学の坂倉杏介教授はコミュニティマネジメントの専門家であり、「計画や目的を持たない〈場〉が新しいつながりと創造性を生む」ということを重視している。地域関係者の自発性を尊重したつながりづくりを継続しながら、地域に必要なものを探索的につくりげていくプロジェクトが徐々に増えてきている。一方で、リビングラボの運営資金は研究費の獲得や、プロジェクトごとに予算を獲得することで賄っており、財政基盤の安定化は課題である。

▼ **学びのポイント**

・「課題解決よりも楽しさ」を掲げて、市民の主体性を大事に運営した

・共創プロジェクトに取り組むことだけでなく、人のつながりと関係性の組み換えを重視した運営を行った

・最初からプロジェクトのゴールを定めず、偶発性や即興性を活かして地域の真のニーズを探るスタンスで取り組んだ

▼ **もっと知りたい方に**

おやまちリビングラボのホームページ

https://livinglab.oyamachi.org/

おやまちプロジェクトのホームページ

https://oyamachi.org/

おやまちプロジェクト打ち合わせの様子

リビングラボデータ

領域

当事者デザイン

キーワード

ウェルビーイング

期間

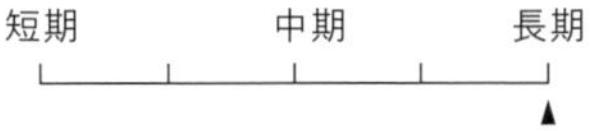

活動頻度

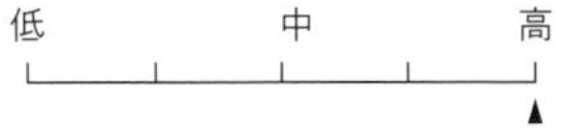

範囲

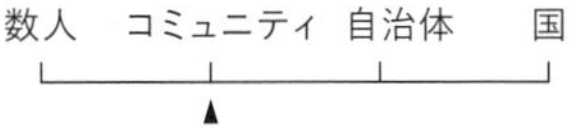

開放度（どれだけ開けてるか）

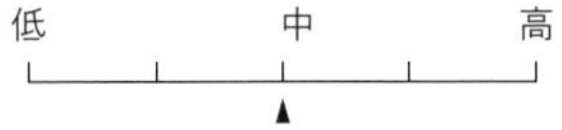

東京都市大学 坂倉杏介研究室ホームページ
https://sakakuralab.com/

case
8
大牟田リビングラボ

▼概要

10万人以上の都市において全国で2番目に高い高齢化率の福岡県大牟田市は、2005年に「認知症の人とともに暮らすまちづくり宣言」を行い、認知症の人であっても「安心して徘徊できるまち」というコンセプトを掲げ、地域の市民、事業者、行政が一体となってまちづくりを行ってきた。2016年、そのコンセプトに共感する地域内外のメンバーが集まり、一般社団法人大牟田未来共創センター（通称：ポニポニ）を立ち上げ、福祉の分野だけにとどまらない、「一人ひとりの可能性が発揮される社会」の実現をめざして、政策立案・ビジネス開発・コミュニティ活動支援等を行っている。

大牟田未来共創センターは、認知症の人に限らず私たちの暮らしづらさ・生きづらさの原因を、疾病や本人の責任と考えるのではなく、人と社会との間にあるものとして捉えて「社会（システム）を変えていく」ことをめざしている。介護予防、教育、住まい、産業振興などの具体的なプロジェクトでは、目の前にある課題に対処するだけではなく、構造的な問題（社会システムのエラー）を見いだすことに努め、社会システムの転換に向けた試みを行う。その際、単独で取り組むのではなく、連携協定を締結している大牟田市（行政）、地域内の事業者や団体、また、地域外の企業とともにチームを組んで取り組んでいる。このアプローチは、当事者目線で現状の社会のエラーを見いだし、解決する「リビングラボ」の主題そのものである。

▼特徴

リビングラボ国際会議でも、社会構造の転換を意味する「トランジション」が最先端のテーマになっているが、まだ本格的に取り組んでいるリビングラボが少

地域共創拠点「うずうずマイン」での対話会の様子

ない中で、大牟田未来共創センターは現状の日本社会を「一人ひとりの可能性が発揮される社会」に転換することにチャレンジしている数少ない事例である。大牟田という地域や住民の喫緊の問題に寄り添いながらも、その根本にある現代社会の構造的な問題を見いだして取り組むという点が特徴的である。また、今の社会を外部から批判するのではなく、地域内の団体として住民の暮らしのリアリティを共有する基盤を持ち、既存の仕組み（社会システム）をハッキングする実践を志向しており、ソーシャルイノベーションやウェルビーイングの分野で注目されている。[1]

▼コラボレーションモデル

コラボレーションにおいては、大牟田という地域の暮らしに根ざしたこれからの地域や社会のあり方の提案が先にある。その提案に共感する市民、行政職員、地域の事業者や団体、企業の事業・サービス開発者、同じ問いを探索したい研究者、同じ構造的な問題に悩んでいる他地域の自治体職員などが、視察や対話をきっかけに連帯することで、協働プロジェクトが生まれている。

また、「一人ひとりの可能性が発揮される社会」というビジョンは、大牟田未来共創センターと市民との関わりに大きな影響を与えている。たとえば、新規事業のサービスコンセプト検証プロジェクトとして立ち上がった「わくわく人生サロン」は、企業の提供するテクノロジーを市民（参加者）が使わされるのではなく、参加者が自らの存在の価値や可能性に気づくコンテクストの中で主体的にテクノロジーを使う体験として大牟田未来共創センターがデザインし、サービスコンセプトの検証を行った。このような体験は、市民の主体性を育む機会となっており、日本のような地域や組織の中で主体性を奪われやすい社会におけるリビングラボのあり方として参考になる。

▼成果と課題

まず、暮らし全般を対象とする「大牟田市健康福祉総合計画」の策定支援・推進における協働、「地域共生社会の実現に向けた連携協定」の締結、地域包括支援センターの運営受託などを行うことで、領域にとらわれない地域課題をリアルに把握することができている。

また、地域の現場で起こっている地域課題を現象的な事柄としてそのまま企業等との協働（リビングラボ）のテーマにするのではなく、その課題を構造的なもの（社会システムのエラー）として捉え返すことで、企業や大学にとって新たな課題設定（問い）の発見につながり、資金を得ることにつながっている。

「わくわく人生サロン」の開催風景

▼ 学びのポイント

・目の前にある課題に対処するだけではなく、構造的な問題（社会システムのエラー）を見いだすことに努め、社会システムの転換に向けた試みを行っている

・構造的に地域課題を捉え返すことによって、企業や研究機関に新たな課題設定（問い）を提供することができ、協働プロジェクトを生みだしている

・市民の主体性を育む機会となっており、日本のような地域や組織の中で主体性を奪われやすい社会におけるリビングラボのあり方として参考になる

▼ もっと知りたい方に

大牟田リビングラボのホームページ
https://omutalivinglab.org/

大牟田未来共創センター（ポニポニ）のホームページ
https://poniponi.or.jp/

ポニポニ紹介記事「超高齢社会「以後」の地域経営モデル」（全3回）
https://digital-is-green.jp/branding/human-centered/001.html

リビングラボデータ

領域

当事者デザイン

キーワード

社会システム転換

期間

短期　中期　長期

活動頻度

低　中　高

範囲

数人　コミュニティ　自治体　国

開放度（どれだけ開けてるか）

低　中　高

case

9

OnLAB

▼概要

製薬会社エーザイは企業理念である「hhc」（ヒューマン・ヘルスケア）を実践するため、就業時間の1％を患者と共に過ごす「Socialization」という活動を行っている。子会社の韓国エーザイでは、がん患者との「Socialization」をつうじて、当事者への共感が生まれ、エーザイが提供する薬だけでは、がんサバイバーの幸せな暮らしを実現できないと考え、さまざまな当事者中心の共創プロジェクトが発展していった。たとえば、がん患者が安全で美味しく食べられるヨウ素制限食が食品メーカーと共同開発された。また、病院で退屈な時間を過ごさないといけない子供患者向けのおもちゃ箱などが生まれた。

こうしたプロセスで出会った当事者や市民団体、企業、公的機関など共に、2018年にがんサバイバーの幸せな暮らしの実現をめざす「OnLAB（オンラボ）」が設立された。がんサバイバーの日常復帰支援プログラムの提供や、がんサバイバーが住みやすい暮らしに変わっていくための「システム転換マップ」構築などの取り組みを行っている。さらに、「OnLAB」は、研究者、活動家、法律専門家などが参加していく過程で、韓国で初めてグローバル企業が法人組合員として参加する社会的協同組合（ソーシャルコーポレーション）を設立することとなり、一企業の活動をこえて、社会的ムーブメントになっている。

▼特徴

民間企業の社員が、自社の事業領域をこえて、当事者中心の価値を考えるために、企業組織にとどまらない価値創造活動を展開している点が興味深い。特徴的な企業理念に加え、それを、社員が当事者との時間の中で自らの理念として捉え直している。さらに、その

OnLAB イベントの集合写真

理念に共感する仲間と組織の内外でつながりをつくり、当事者中心の価値がどのように実現するかを模索してきた結果として、「OnLAB」やそこから派生するさまざまなプロジェクトが生まれている。

▼ コラボレーション・モデル

企業単体では理念の実現が難しいことを自覚したうえで、プロジェクトをむやみに増やすのではなく、がんサバイバーの幸せな暮らしの実現という理念に焦点を絞り、「システム転換マップ」を開発した。これによって、現状のがんサバイバーに対して必要なことが可視化され、それに対応しているリソースと、未対応の領域が可視化された。このマップをもとに、行政だけでなく企業、大学・研究機関、市民団体などと共創し、今の社会において欠けているリソースを充足し、理念の実現をめざしている。

▼ 成果と課題

中心メンバーであるソ・ジョンジュ氏によれば「Socialization」を行うにあたり、企業理念を浸透させることと、人材を育成することに注力して活動をスタートしたという。具体的な価値創造のプロジェクトから始めると、プロジェクト単体の短期的な成果が目的になってしまうことも多いため、そうではなくて長期的な人材育成や組織の風土変革にコミットしている。その結果として、具体的な価値創造のプロジェクトの成功を生みだし、活動が継続することにつながっている。

その後、ＯｎＬＡＢで活動していたメンバーが独立して社会に進出し、それぞれの活動を推進することで、社会全体としてがんサバイバーに関する活動領域が拡大している。一方で、リビングラボとしてのＯｎＬＡＢの役割は縮小しており、適切なタイミングでの解散も含めて、次のステップの検討が進められている。

▼　学びのポイント

・がんの当事者との時間を共有することで、共感が生まれ、当事者中心の価値創造をする共創プロジェクトに発展していった

・短期的な価値創造プロジェクトではなく、人材育成

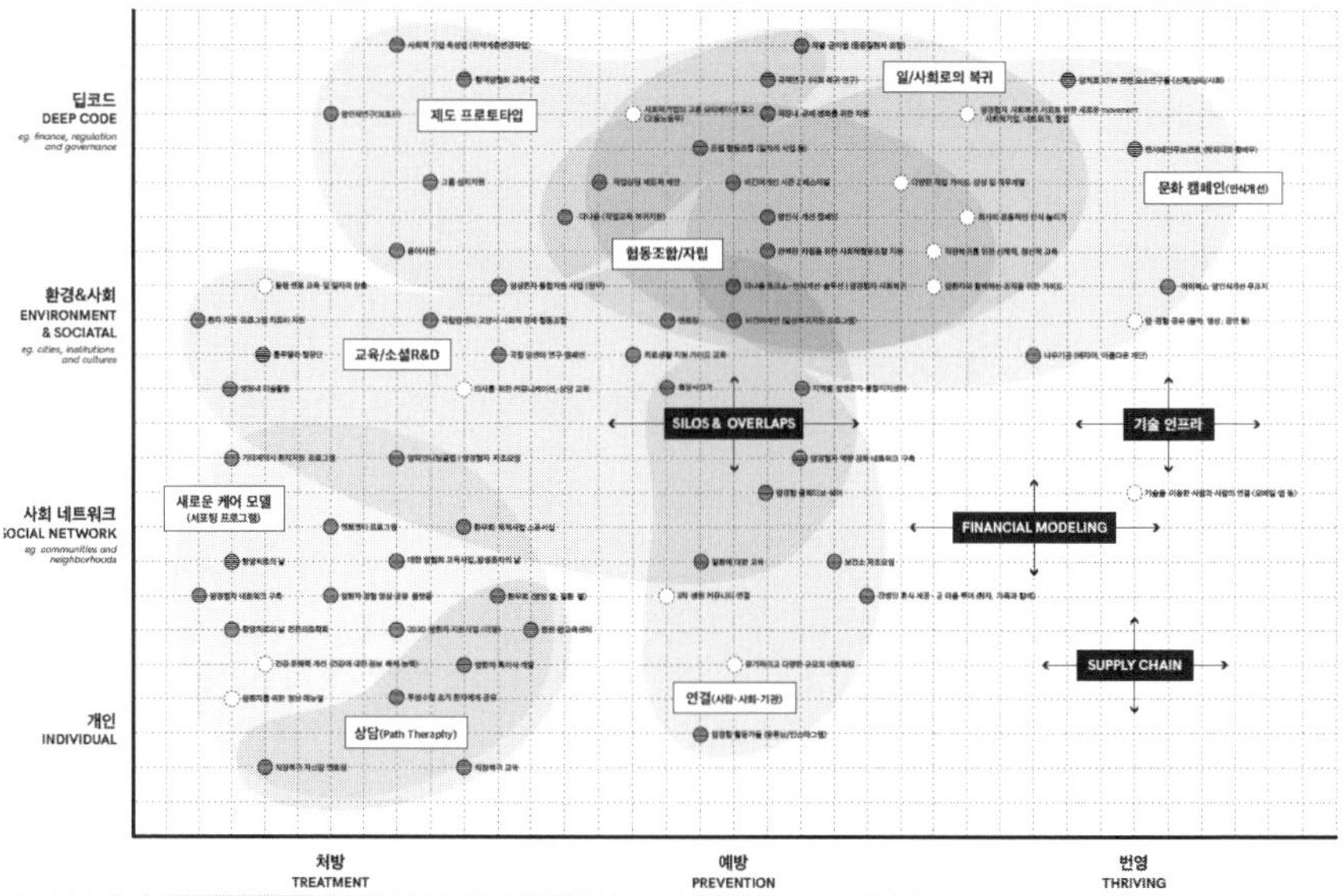

OnLab で作成された「システム転換マップ」

や組織の風土改革に取り組んだ

・システム転換マップの開発をつうじて産官学民のプレイヤーと対話し、活動する基盤をつくった

▼もっと知りたい方に

エーザイのホームページのヒューマン・ヘルスケア関連ページ
https://www.eisai.com/hhc/index.html

OnLABのホームページ
https://www.onlabcoop.org/index

ネットメディアによる紹介記事
https://www.futurechosun.com/archives/52214

リビングラボデータ

領域

研究／サービス・技術開発

キーワード

ヘルスケア／ウェルビーイング

期間

短期　中期　長期

活動頻度

低　中　高

範囲

数人　コミュニティ　自治体　国

開放度（どれだけ開けてるか）

低　中　高

case 10

鎌倉リビングラボ

▼概要

高齢化が進む郊外型分譲地である神奈川県鎌倉市今泉台をフィールドに、長寿社会における課題の解決や新たな可能性を生活者視点から追求することを目的としたリビングラボである。２０１７年より、東京大学がコーディネーター役を務めるかたちで、今泉台町内会のＮＰＯ法人タウンサポート鎌倉今泉台や鎌倉市、連携パートナー企業と共に始動。住民課題、行政課題、企業課題のそれぞれが出発点となるプロジェクトに取り組んでいる。

日本が世界に先駆けて長寿社会の多様な課題に直面している中で、人生１００年時代にふさわしい生き方や社会のあり方を創出するためのイノベーションを生みだすことがテーマである。リビングラボのアプローチを取り入れることで、年齢、性別、障害の有無、個人の立場に関係なく、地域住民が地域の課題を自分ごと化し、「だったらいいな」の暮らしや地域を創りあげることがめざされている。

▼特徴

人生１００年時代という共通のアジェンダを設定している点が特徴的であり、地域の住民や行政はもちろん、長寿社会に向けたサービスを検討したい多くの企業が参画している。地域住民が望むまちの未来やライフスタイル像をワークショップ等の対話から抽出し、それを叶えうるモノ・サービスを、企業や行政、大学等とともに試作している。さらに、そのプロトタイプを試用しながら住民の真のニーズを引き出すことにより、生活者目線に立ったモノやサービスの開発・改善につながる活動をしている。たとえば、人生１００年時代の在宅ワーク環境と家具、新たな長寿社会向け商品サービス開発、高齢者のデジタル機器に関するニー

産官学民がそろってワークショップ

ズ調査と仮説検証などに取り組んでいる。

▼コラボレーション・モデル

東京大学高齢社会総合研究機構（IOG）と一般社団法人高齢社会共創センター（現 未来社会共創センター）が活動を牽引し、2017年より老年学（Gerontology）を切り口としたリビングラボに取り組んでいる。大学を基盤とした企業ネットワークにより、地域の課題解決に取り組むコラボレーション体制を構築している。

また、地域の住民の大多数が元サラリーマン・専業主婦の夫婦世帯であり、もともと社会問題に関心が高く、地域活動が盛んな地域である。そこで、大学が関わりを持ちながら、地域住民による団体であるNPO法人タウンサポート鎌倉今泉台が運営窓口になる体制で運営を行っている。これによって、参加する住民の主体性を引き出しながら、円滑なコミュニケーションを行っている。

▼成果と課題

高齢社会共創センターは、2013年以来、高齢者の多様なニーズにかなう製品・サービスを開発するために多数の企業と連携してきた。これらの企業と製品・サービス開発を伴走してきた経験が、「鎌倉リビングラボ」においても、企業の受け入れ体制やビジネスモデルの導入をスムーズにした。

一方で、今後のさらなる少子高齢化を見据えた探索的なプロジェクトを、産官学民で取り組む体制やビジネスモデルの確立がこれからの課題だという。仮説検証型リビングラボのような企業の開発ニーズに寄り添うアプローチと、仮説探索型リビングラボのような社会の価値を探求するアプローチのバランスが、安定的なリビングラボプラットフォームの運営には必要になってくる。

▼ 学びのポイント

- 加齢や高齢化に関する学問（老年学）の専門家が、企業に対して、学術的知見だけでなく、試行錯誤をするフィールドとしての地域をセットで提供している。
- 町内会のNPO法人タウンサポート鎌倉今泉台と連携することで、住民との円滑な関係構築を行った。

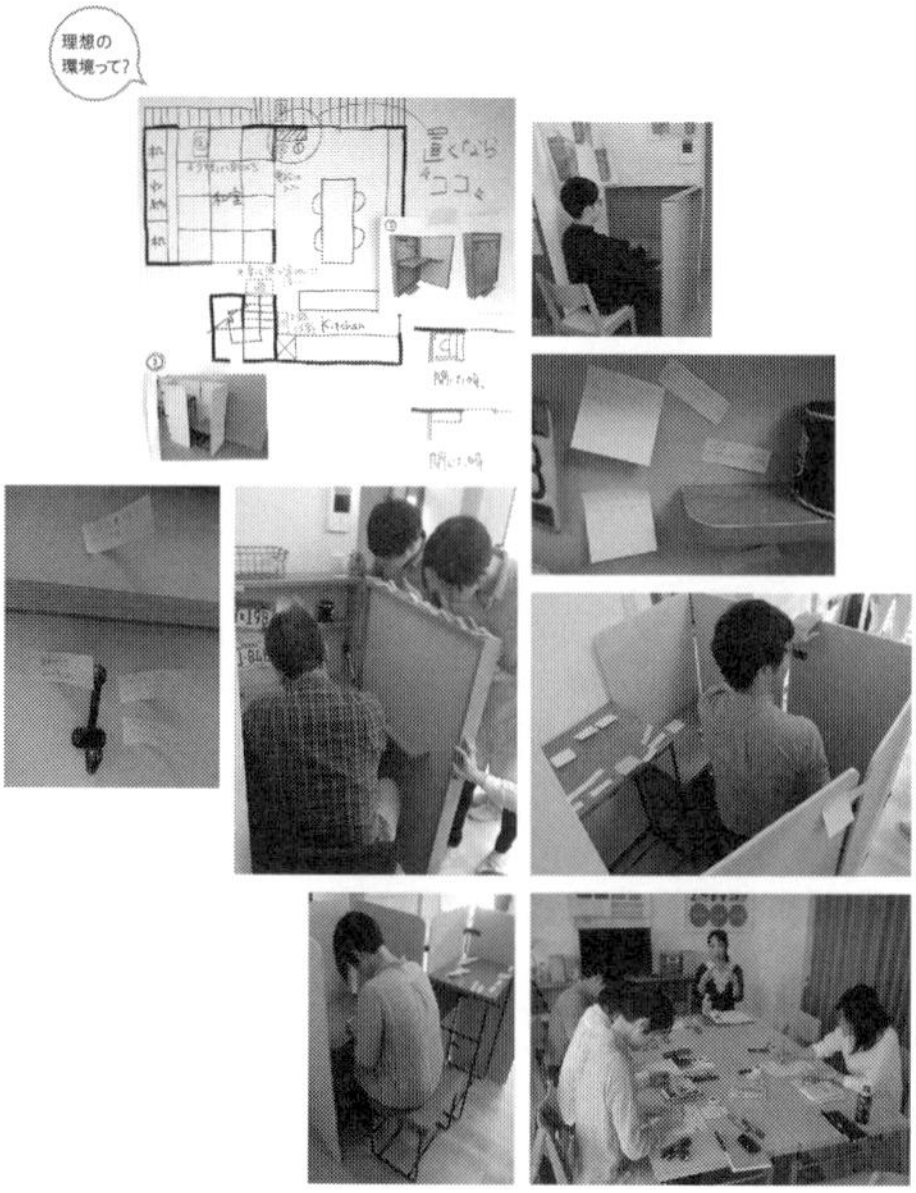

ワークショップにおけるアイディアだしの様子

▼ **もっと知りたい方に**

鎌倉リビングラボのホームページ
https://www.kamakurall.cc-aa.or.jp/
未来社会共創センターのホームページ
https://www.cc-aa.or.jp/
高齢社会共創センターのホームページ
https://www.cc-aa.or.jp/old/index.html

リビングラボデータ

領域

研究／サービス・技術開発

キーワード

長寿社会／ウェルビーイング

期間

短期　中期　長期

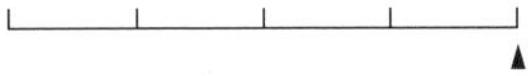

活動頻度

低　中　高

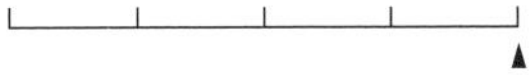

範囲

数人　コミュニティ　自治体　国

開放度（どれだけ開けてるか）

低　中　高

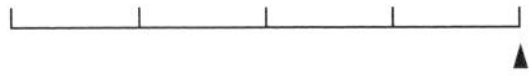

おわりに

木村篤信

リビングラボを日本に根づかせる

今回リビングラボの本を書こうとした動機は、注目が増す一方で、「なぜリビングラボによって共創がうまく進むのか」という核心がうまく伝わっていないということを日々感じていたからでした。リビングラボを解説する入門的なWeb記事は増えましたが断片的である一方で、専門的な論文は事例中心の論述や手法提案が多い傾向にあります。また、海外で蓄積されたリビングラボの方法論が、文化的背景抜きに伝わっているため、そのまま実践してもうまくいかないケースが増えています。

リビングラボについて相談をされるときによく聞く声は、サービスを研究・開発したけれども現場でのユーザ実証や社会実装がうまく進まないということや、市民協働のプロジェクトを立ち上げたいのだけれども主体的に関わってくれる人がなかなか集まらないということでした。

これらの悩みを解消するためには、サービスや政策の作り手がどのようにリビングラボに向き合っているのか、市民やユーザがどのような過程で主体的に関わっていくのか、民主主義が外から入ってきた日本において意識すべきポイントは何なのかなど、地域や企業において「なぜリビングラボによって共創がうまく進むのか」をうまくつかむ必要があると感じていました。

そこで、本書ではその点を意識して、リビングラボを知らない人にも、知っているけれども、うまく共創ができないと悩んでいる人にも読んでもらえるように執筆しました。リビングラボは、産官学民のマルチステイクホルダーが関わる取り組みになるため、サービス開発で社会的なインパクトを生みだしたい企業のビジネスマン、テクノロジーの社会実装で悩む大学等の研究者、人口減少に直面する地方で課題と対峙する公共機関の職員、自らのまちの課題を自分事として向き合う当事者のみなさん、それぞれの目線から読める内容としました。

具体的には、リビングラボの全体像をつかんでいただくことを狙いとして、第1部では、どんなところで、何ができる「場」なのか、そしてなぜいまリビングラボが注目されているのかについて紹介しました。第2部では、リビングラボを始めたいと思う人に向けて、具体的なプロセスと実践のための手法を解説しました。さらに、その根底にあるリビングラボが生まれた文化的背景やそこで育まれた思想を学ぶことで、リビングラボへの理解が深まることをめざしました。第3部では、読者の実際の興味に近いリビングラボを参照できるよう、バリエーションのある事例を選定し紹介しました。リビングラボの本場とも言える北欧の事例と、北欧とは異なる文化的背景の中で試行錯誤してきた日本やアジアの事例を掲載しています。

これからの社会に求められる、暮らしに根ざしたビジョン形成

昨今、リビングラボは、企業や自治体、市民団体だけでなく、経済産業省、厚生労働省、復興庁や2025大阪・関西万博などのさまざまな官庁や公的な活動で使われ始めています。また、科学技術・イノベーション政策を牽引する内閣府や、大学などの学術機関による地域振興を推進する文部科学省などでもリビングラボを活用する動きがでてきています。

そうした背景には、日本社会を取り巻く二つの状況があるからだと考えています。一つは、「ウェルビーイング」や「サステナビリティ」など社会を統合的に良くしていこうとする理念実現の動きが、どの分野でも織り込まれるようになってきたことです。もう一つは、人口減少による人手不足や税収不足で、多くの場所で労働力の供給や生活インフラの整備が間に合わないという環境要因への対処です。

実際、筆者が地域社会で活動をしていると、理念実現に向けた動きが活気づいていることに気づかされます。安易に地域外の組織に発注していると自分たちの地域が持続しないという危機感から、地域に根づいたリビングラボを当事者主体で実施している試みが増えています。たとえば、地域内の人材や森林資源等を活用して循環させるプロジェクトに取

り組んでいる人たち。子供たちが活き活きと学べる場をつくるために、現場で教育の仕組みを変えることに取り組んでいる人たち。こうした人たちに共感して、新しい経済活動のあり方を模索しているビジネスマンや投資家、大学の専門知や人材を生かせないだろうかと新しいプロジェクトに取り組んでいる研究者にも会います。

他方、地方における労働不足は、年を追うごとに深刻になっています。高齢者の介護サービス現場では、お風呂のサービスが人手不足で提供できず、週一回に我慢してもらっているという場合もあります。地方のタクシー会社では、人手が集まらず時間帯やエリアを限定して営業している状況もあります。また人口減少下において、インフラをどの水準で保つか、という難しい問題にも直面しています。東日本大震災以降、災害後の被災地のインフラを復興させるということの内実が問われるようになりました。単純に元に戻すのではないとしたら、どうすればいいのか。さまざまな意見や思惑が交差する中で、どのようなビジョンを描き、地域社会を束ねるのか。

そうしたときに、役に立つのがまさにリビングラボなのです。会議室で検討するのではなく、暮らしがある現場やそこにいる当事者の構造的な状況を理解したうえで、従来のセクターのしがらみにとらわれない価値の生みだし方にチャレンジできるのです。第6章でも触れましたが、北欧の参加型デザインは、労働者と経営者の対立を、良くない状況と捉えるのではなく、ポジティブなエネルギーとして、第3の道を探したところに参照されるべきポイントがあります。このようなときこそ、テクノロジーを活用し、新しいビジョンやサービスを生みだすために産官学民が連携を模索するときなのです。本書で紹介したリビングラボは、今直面している問題を解決しなければならない、という課題解決モードだけで取り組むのではなく、ワクワク感のある場づくりや、希望のある社会に向けたビジョンづくりを模索している事例でした。

リビングラボの根っこにあるもの

ビジネスマンが仕事として当事者と共創する、行政職員が施策のために当事者と共創する、そういうリビングラボは今後増えていくでしょう。さらにそれに加えて、一人ひとりが当事者の立場で関わるリビングラボが増えたら、日本の社会はもっと良くなっていくはずです。ビジネスや政策立案の経験のある人たちが、自ら当事者としてリビングラボに関わる。一方で、市民団体等の当事者は、企業や行政に「してもらう」のではなく、自らも役割を担いながら「共に実験し価値をつくる」。その結果、社会の価値や当事者としての立ち位置がビジネスや政策に反映されていく、そのような民主的なサービス開発やまちづくりをめざすことがリビングラボの根っこにはあります。

かつて、日本では市民活動が盛んな時期がありました。1970年代の公害反対運動や消費者運動をきっかけとして広がってきたと言われています。その時のコミュニケーションは、請願や陳情というかたちで行われてきました。この請願と陳情により、多くの政策やビジネスが改善されてきましたが、本質的にフラットな関係で共に価値をつくるスタンスではありませんでした。つまり、行政の政策や企業のビジネスモデルを共につくる主体ではなく、その外側で声を上げる存在だったのです（現在もこの文化的背景により、日本の行政職員には、市民や議員のことを「ソト」の存在として扱う規範が浸透しています）。

残念ながら、現在の行政組織は、人手不足であり税収不足であり、行政だけで地域を運営し続けることは難しい局面にあります。さらに加えると、行政の職員や地域の関係者で何とかこの事態を変えようとする人たちが現れたとしても、請願・陳情のかたちから脱却できなければ、新しい社会システムを構想・実現することは非常に困難です。

新しい社会システムの兆しは、当事者の立場や目線で、現状に違和感を持った人たちの集まりから生まれます。そういう人たちが連帯し、今の時代において支配的な政策やビジネスモデル（社会システム）を「自分たちで変えていける」と思えることが重要です。

第5章でも触れたように、「いったん、サービスや政策をつくる立場を忘れて、自分自身や家族、友人のことのように対等な相手として考えてみる目線」は、当事者をモノとして扱ってしまうサービスを生みだしがちな今の行政や企業にとっては重要なポイントなのです。結局はその目線の有無が、目的合理的で効率的なだけの社会をつくるのか、顔の見える「あなた」のためのより良い社会をつくるのか、の別れ道になります。

多くの社会課題が山積し、複雑でやっかいな問題に取り組むべき気運が高まっている今の時代、そのようなリビングラボの取り組みやリビングラボ的に実践できる人材が求められています。

リビングラボをやってみようと思ったみなさんへ

本書は、入門書のため、実践する際に役立つ知識やコツといったことには、ページを十分に割けませんでした。これからリビングラボを実践していくみなさんは、さまざまな壁にぶつかるとは思いますが、そうした際に役立つ、実践知をまとめた『リビングラボの手引き』（２０１８年）という冊子を紹介したいと思います。

著者らは、当時、ＮＴＴに所属していた赤坂文弥さん、井原雅行さんと一緒に、共同研究プロジェクトを行い、北欧や日本のリビングラボの実践知を調査しました。そして、実際にリビングラボをやっているという人たち向けの手引きとして、「リビングラボをどう進めていくか？」「どのような点に注意しなければならないか？」といった泥臭い実践的なコツをまとめました。

手引きの概要には、次のように書きました。

本書には、リビングラボの実践に関する30のコツを収録していますが、まだまだ進化の余地があります。本書を使っていただく皆様には、現場での実践を通して、本書には掲載されていないような「自分たちなりのコツ」を発見していただき、それを加えることで、自分たちなりの冊子をつくっていただきたいです。その意味で本書は、リビングラボの知見を蓄積するためのLiving Tool（生きた道具）と言えるでしょう。

本書で学んだ方法論と実践のギャップを、手引きで埋めながら、さらにみなさんが自ら見つけた実践知をフィードバックしていただければ、リビングラボがますます充実していきます。本論の最後にあるQRコードよりダウンロードして、ご活用ください。

また、当時、海外で提唱されたリビングラボを、日本の文化的背景を踏まえながらアップデートしたり、自分たちの文脈で活用しようとする動きは生まれていませんでした。そこで筆者らは、日本のリビングラボの実践者や研究者と対話しながら、日本の文脈においてリビングラボを深めて発展させていくために、「一般社団法人日本リビングラボネットワーク」（ＪＮｏＬＬ）を設立しています。

欧州の文脈で開発・発展してきたリビングラボを、日本の文脈において捉えなおす共同研究や、学術的に蓄積された知見をもとに人材育成や啓発活動に取り組んだり、リビングラボに関心のある人たちが実践知や研究知見を共有し対話できるネットワーキングの場づくりを行っています。また、欧州リビングラボネットワーク（ＥＮｏＬＬ）や韓国リビングラボネットワーク（ＫＮｏＬＬ）などの海外のコミュニティとも連携しながら、お互いの知見も共有する機会もつくっています。興味を覚えた方はご参加ください。

最後に、このような機会を提供していただいた地域創生Coデザイン研究所の中村彰呉さん、松浦克太さん、梅本政隆さんをはじめとするメンバーのみなさん、本書の執筆に向けてリビングラボの課題認識や方法論について議論をさせていただいた一般社団法人日本リビングラボネットワークのみなさん、リビングラボラトリーのみなさん、事例執筆にご協力いただいた各リビングラボのみなさん、リビングラボの実践と研究に高い視座を与えてくれた大牟田未来共創センターの原口悠さんと山内泰さんに厚く御礼申し上げます。また、NTT出版の山田兼太郎さんには、編集者として長期間にわたるプロジェクトに根気よくお付き合いいただき、的確なフィードバックをいただきました。最後に、家族の時間を、実践や研究、本書の執筆などのリビングラボ活動に向けさせてくれた、安岡、木村のそれぞれの家族に感謝します。

「リビングラボの手引き」はこちらより

注

はじめに

[1] 株式会社 studio-L「令和元年度 中小企業実態調査事業（リビングラボにおける革新的な社会課題解決サービスの創出に係る調査）調査報告書」経済産業省、2020年 https://www.meti.go.jp/meti_lib/report/2019FY/000256.pdf

第 1 部

第 1 章

[1] Bergvall-Kåreborn, B. and Ståhlbrust, A. (2009). Living Lab; An Open and Citizen-Centric approach for Innovation. *International Journal of Innovation and Regional Development*, 1(4), 356–370.

[2] 安岡美佳「共創デザインを支援する仕組み、リビングラボ──北欧の事例より」『デザイン学研究特集号』日本デザイン学会、Vol. 26–2、No. 100、pp. 36–33、2019年

[3] Peter L. Berger and Thomas Luckmann. (1966). *The Social Construction of Reality: A Treatise in the Sociology of Knowledge*. Anchor Books; Vivien Burr. (2003). *Social Constructionism*. Psychology Press; Andy Lock & Tom Strong. (2010). *Social Constructionism: Sources and stirrings in theory and practice*. Cambridge University など

[4] Daniel Kahneman. (2013). *Thinking, Fast and Slow*. Farrar, Straus and Giroux.〔邦訳『ファスト＆スロー』上・下巻、早川書房、2014年〕

[5] スイスの心理学者ジャン・ピアジェの構成主義（Constructivism）を参照。

[6] デザイン理論家のホルスト・リッテルが提唱。H. Rittel. (1972). "On the Planning Crisis: Systems Analysis of the 'First and Second Generations". *Bedriftskonomen*. 8.

[7] Gerhard Fischer. (2000). "Symmetry of ignorance, Socially creativity and meta-design." *Knowledge-Based Systems Journal*. 13(7–8): 427–537.

[8] Charles Percy Snow. (1993). *The Two Cultures*. Cambridge University Press.

[9] 上平崇仁『コ・デザイン──デザインすることをみんなの手に』NTT出版、2020年

[10] Keith Sawyer. (2007). *Group Genius: The Creative Power of Collaboration*. Basic Books; Scott Page. (2007). *The Difference: How the Power of Diversity Creates Better Groups, Firms, Schools, and Societies*. Princeton University Press.

[11] リチャード・E・ニスベット『木を見る西洋人 森を見る東洋人』ダイヤモンド社、2004年

[12] ここでの異文化は、人種的・民族的異文化ばかりでなく、行政・民間企業などのビジネス文化、理系・文系などの専門文化も含む。

第 2 章

[1] Jesper Simonsen and Toni Robertson Eds. (2012). *Routledge International Handbook of Participatory Design*. Routledge.

[2] Lave, J., & Wenger, E. (1991). *Situated learning: Legitimate peripheral participation*. Cambridge University Press.

[3] Star, Susan & Griesemer, James. (1989). "Institutional Ecology, 'Translations' and Boundary Objects: Amateurs and Professionals in Berkeley's Museum of Vertebrate Zoology, 1907–39." *Social Studies of Science*, SAGE Publications, Vol. 19, No. 3, pp. 387–420.

第 3 章

[1] 岸本聡子『私がつかんだコモンと民主主義』晶文社、2022年

[2] 安岡美佳「共創の鍵——長期的視点と当事者参加」『サービソロジー』2018年、Vol. 5 No. 3、pp. 36–45.

第 2 部

第 4 章

[1] 「『デザインシンキングなんて糞食らえ』。ペンタグラムのナターシャ・ジェンが投げかける疑問」「AXIS Web」https://www.axismag.jp/posts/2018/10/99156.html

[2] ELSI（Ethical, Legal and Social Issues）やRRI（responsible research and innovation）という概念が昨今提唱されており、EUの研究資金助成プログラムである「HORIZON 2020」でも採用され、日本でもELSIを主題とした研究助成プログラム（JST-RISTEX「科学技術の倫理的・法制度的・社会的課題［ELSI］への包括的実践研究開発プログラム」）が組まれている。

[3] プロトタイプの語源は、ギリシャ語で「最初の」「第一の」を意味するprotosと、「類型」「型」を意味するtyposを組み合わせたもので、「最初に作る原型」を意味する。たとえば、ソフトウェアであれば、大まかな動きを確認するための簡易なプログラムであったり、車であれば、クレイモデルと呼ばれる原寸大の粘土模型であったりする。Cf. 木村篤信「UXを巡る旅 第1回 プロトタイピング」https://furue.ilab.ntt.co.jp/book/201804/contents4.html

[4] 日本リビングラボネットワーク（JNoLL）ホームページ　https://jnoll.org/

第 5 章

[1] Elizabeth B.-N. Sanders, Eva Brandt, and Thomas Binder. (2010). A framework for organizing the tools and techniques of participatory design. In Proceedings of the 11th Biennial Participatory Design Conference (PDC'10). Association for Computing Machinery, New York, NY, USA, 195–198.

[2] Schuurman, D., De Marez, L. & Ballon, P. (2013). Open Innovation Processes in Living Lab Innovation Systems: Insights from the LeYLab. *Technology Innovation Management Review*, 3(1), 2013, 28–36.

[3] 課題設定の重要性について指摘する書籍は多い。データサイエンティストの安宅和人は、「問題はまず『解く』ものと考えがちだが、まずすべきは本当に解くべき問題、すなわちイシューを『見極める』ことだ。」と述べている。そして、表層的な論理思考に陥る原因として、1次情報をつかんでいないこと、その情報を自分なりに感じていないことを指摘しており、リビングラボの課題認識と重なる（安宅和人『イシューからはじめよ』、英治出版、2010年）。

[4] デヴィッド・ボーム『ダイアローグ——対立から共生へ、議論から対話へ』英治出版、2007年

[5] Checkland P. (1994). *Systems Thinking, Systems Practice*, Chichester: Wiley

[6] MSP (multi-stakeholder partnerships) Guide HP https://mspguide.org/2022/03/18/rich-picture/

[7] Kimura et al. (2023). Social System Design Methodology for Transitioning to a New Social Structure - A Holistic Urban Living Lab Approach to the Well-being City -, Front. Sociol. Sec. *Sociological Theory*, Vol. 8.

[8] リビングラボでは、プロジェクトをリードする役割の人を、オーケストレータと呼ぶ。オーケストレータは、産官学民の関係者の間を取り持ち、特定のスキルを活用して、それらの活動を社会的価値につなげる存在である。Ayvari, A. et al. (2019). Identifying Living Lab orchestrators' individual-level skills, European Network of Living Labs.

[9] Liz Sanders & Pieter Jan Stappers. (2013). *Convivial Toolbox: Generative Research for the Front End of Design*, BIS Publishers.

[10] 草野孔希、大野健彦、白坂成功「Concept Tailor——ストーリーボードを用いた反復型サービスコンセプト具体化ツール」、『情報処理学会論文誌』、vol. 57、No. 3、2016年、pp. 886–896.

[11] IDEO Play Lab, Prototyping for Elmo's Monster Maker iPhone App. https://www.youtube.com/watch?v=-SOeMA3DUEs

[12] 代表的なものに、Figma、Prott、Adobe XDなどのツールがある。

[13] 海保博之、原田悦子『プロトコル分析入門――発話データから何を読むか』新曜社、1993年

第6章

[1] リビングラボという単語は、環境、方法論やイノベーションのアプローチ、組織やイノベーションの仲介者、ネットワーク、システムなどと概念化されており、非常に多義的である。そして、学術界でも、「20年近い実験にもかかわらず「リビングラボ」の定義が統一的に合意され普遍的に展開されるに至っていない」という指摘がある。Paskaleva, K., Evans, J. & Watson, K. (2021). Co-producing smart cities: A Quadruple Helix approach to assessment. *European Urban and Regional Studies*, 28(4), 395–412.

(2) 宇井純『公害の政治学――水俣病を追って』三省堂、1968年

[3] Neisser, U. (1978). Memory: what are the important questions? in *Practical Aspects of Memory*, eds M. M. Gruneberg, P. E. Morris, and R. N. Sykes (London: Academic Press), 3–24.

[4] Lewin, K. (1946). Action research and minority problems. *Journal of Social Issues*, 2, 4, 34–46. 川喜田二郎『発想法――創造性開発のために』中央公論社、1967年.

[5] なお、Living Laboratoryという単語の初出は、1991年にアメリカ、ドレクセル大学のSteve M. Bajgierらによって、フィラデルフィアの都市近郊の暮らしの中で、学生たちが公共の問題に取り組む学部のプログラム名として使われた。Bajgier, S.M., Maragah, H.D., Saccucci, M.S., Verzilli, A. & Prybutok, V. R. (1991). Introducing students to community operations research by using a city neighborhood as a living laboratory. *Operations Research*, 39, 701–709. https://ideas.repec.org/a/inm/oropre/v39y1991i5p701-709.html

[6] Short, Frederick T. (1992)."The ecology of the Great Bay Estuary, New Hampshire and Maine: An Estuarine Profile and Bibliography," *PREP Reports & Publications*, 376.

[7] David Wood and Judy Braus.(1994). Environmental Education in the Schools. U.S. *Peace Corps, Office of Information Collection and Exchange*. 500 Pages.

[8] Mitchell, W.J. (2003). *Me++: The Cyborg Self and the Networked City*, MIT Press, 269p; Nesti, G. (2018). Co-production for innovation: The urban living lab experience. *Policy and Society*. 37, 310–325.

[9] Vargo, Stephen & Lusch, Robert. (2004). Evolving to a New Dominant Logic. *Journal of Marketing*, 68. 1–17.

[10] Stickdorn, M. and Schneider, J. (2012). *This is Service Design Thinking*, J. Wiley & Sons.

[11] Henry William Chesbrough (2003). *Open Innovation: The New Imperative for Creating and Profiting from Technology*, Harvard Business Review Press.

[12] Sherry R. Arnstein (1969). A Ladder of Citizen Participation. *Journal of the American Planning Association*, Vol. 35, No. 4, July, pp. 216–224.

[13] Nygaard, K. and Terje Bergo, O. (1975), The Trade Unions: New users of research, *Personnel Review*, Vol. 4 No. 2, pp. 5–10.

[14] Gregory, J. (2003). Scandinavian approaches to participatory design, *International Journal of Engineering Education*, 19(1), pp. 62–74.

[15] F. Kensing (1983). The trade unions' influence on technological change, in U. Briefs et al. (eds), Systems Design For, With, and By the Users, *Proceedings of the IFIP TC9/WG9.1 Conference*, North-Holland, Amsterdam .

[16] サッチマンは、「民主主義の価値を表現し高めるための重要な場として、システム開発の場所を受け入れる」という表現をしている (L. Suchman. (1998). Strengthening our collective resources: a comment on Morten Kyng's 'A Contextual Approach to the Design of Computer Artifacts,' *Scandinavian Journal of Information Systems*, 10(1, 2), pp. 45 ± 52.)

[17] Trist, E. L. and Bamforth, K. W. (1951). Some Social and Psychological Consequences of the Longwall Method of Coal-Getting: An Examination of the Psychological Situation and Defences of a Work Group in Relation to the Social Structure and Technological Content of the Work System. *Human Relations*, 4(1), 3–38, .

[18] Co-Creation. Co-designに関する論考が多数出ている。C.K. Prahalad, Venkat Ramaswamy. (2004). *The Future of Competition: Co-Creating Unique Value With Customers*, Harvard Business Press; Vargo et al. (2004) Evolving to a new dominant logic for marketing, *Journal of Marketing*, 68(1); Sanders et al. (2008). Co-creation and the new landscapes of design, *CoDesign*, 4(1); Ezio Manzini (2015). *Design, When Everybody Designs: An Introduction to Design for Social Innovation*, The MIT Press.

[19] 1980年代のITに関する社会実験（social experiments）、1990年代のデジタル・シティなど。

[20] European Commission. (2013). Directorate-General for Communications Networks, Content and Technology, Open innovation 2013, *Publications Office* https://data.europa.eu/doi/10.2759/87245

[21]「ホライズン2020」https://www.eeas.europa.eu/eeas/ホライズン2020_ja

[22] Open Living Lab Days HP https://openlivinglabdays.com/

[23]「第5期科学技術基本計画」内閣府、2016年　https://www8.cao.go.jp/cstp/kihonkeikaku/5honbun.pdf

[24] 一般社団法人 日本リビングラボネットワーク https://jnoll.org/

[25] 日本リビングラボネットワーク実践事例部会調べ、2023.04時点 https://jnoll.org/living-labs/#living-labs-in-japan

第3部

[1] ソーシャルイノベーションの観点からは、一般社団法人 公共とデザイン『クリエイティブデモクラシー――「わたし」から社会を変える、ソーシャルイノベーションのはじめかた』（BNN、2023年）でとりあげられている。また、ウェルビーイングの観点からは、『ウェルビーイングのつくりかた――「わたし」と「わたしたち」をつなぐデザインガイド』（BNN、2023年）でとりあげられている。

[著者紹介]

木村篤信（きむら・あつのぶ）

地域創生Coデザイン研究所（NTTグループ）ポリフォニックパートナー。一般社団法人 日本リビングラボネットワーク代表理事。大阪大学、奈良先端科学技術大学院大学を修了後、NTT研究所に入社。HCI、CSCW、UXデザイン、デザイン思考の研究を経て、ソーシャルデザイン研究PJを立ち上げる。国内外での共同研究や多数のリビングラボ実践を踏まえ、現在は、日本各地の市民協働PJ、企業のオープンイノベーションPJ、行政のウェルビーイング政策デザインに関わる。博士（工学）。主な書籍に、『2030年の情報通信技術生活者の未来像』（共著、NTT出版）など。

安岡美佳（やすおか・みか）

ロスキレ大学准教授。北欧研究所代表。京都大学大学院情報学研究科修士課程修了、東京大学工学系先端学際工学専攻を経て、2009年にコペンハーゲンIT大学で博士号取得。コペンハーゲンIT大学助教授、デンマーク工科大学リサーチアソシエイツ等を経て現職。2005年から北欧と日本の2拠点で研究活動を実施。専門はユーザー中心設計、デザインイノベーションの共創手法（参加型デザイン、リビングラボ等）、AI・ロボットを含めたITの社会実装など。2000年代からデジタルシティの研究に関わる。主な書籍に、『北欧のスマートシティ』（共著、学芸出版社）など。

はじめてのリビングラボ——「共創」を生みだす場のつくりかた

2025年4月25日　初版第1刷発行

著　　者　木村篤信　安岡美佳

発 行 者　東　明彦

発 行 所　NTT出版株式会社
〒108-0023 東京都港区芝浦3-4-1 グランパークタワー
営業担当　TEL 03(6809)4891　FAX 03(6809)4101
編集担当　TEL 03(6809)3276
https://www.nttpub.co.jp

ブックデザイン　上坊菜々子
組　　版　株式会社キャップス
印刷・製本　シナノ印刷株式会社

ISBN 978-4-7571-2392-2 C0036
乱丁・落丁はお取り替えいたします。定価はカバーに表示してあります。